「よくわかる事業承継（四訂版）」の記載内容に以下２箇所の誤りがありましたので、訂正してお詫び申し上げます。

三菱UFJリサーチ＆コンサルティング株式会社

■該当箇所：102 ページ（注）以下の表中の囲線内の数値

【誤】

	総資産価額		
	卸売業	小売・サービス業	卸売業、小売・サービス業以外
注(a)の小会社	20億円以上	10億円以上	10億円以上
注(b)の小会社	7,000万円以上 20億円未満	4,000万円以上 10億円未満	5,000万円以上 10億円未満

【正】

	総資産価額		
	卸売業	小売・サービス業	卸売業、小売・サービス業以外
注(a)の小会社	20億円以上	15億円以上	15億円以上
注(b)の小会社	7,000万円以上 20億円未満	4,000万円以上 15億円未満	5,000万円以上 15億円未満

≪ 裏面あり ≫

■該当箇所：104ページを下記に差し換え

◇類似業種比準価額引き下げ対策の効果

P90のX社が、他の条件は変わらないものとして下記の対策を講じた場合の株価は各々次のように変わります。

<table>
<tr><td>対策1</td><td>配当の支払いを２期休み
オーナーへ退職金53,000,000円を支払い、申告所得を０円に(注)
直前期末の資産合計（相続評価）1,447,000千円、（簿価）947,000千円に</td></tr>
<tr><td>効果</td><td>＊１株当たりの年配当額
$$\frac{(0+0)\times 1/2}{10{,}000{,}000\div 50}=0円$$
＊直前期１株当たりの年利益金額
$$\frac{0-13{,}000{,}000+2{,}000{,}000-306{,}000}{10{,}000{,}000\div 50}<0円 \quad \therefore 0円$$
＊１株当たりの純資産価額
$$\frac{10{,}000{,}000+(540{,}000{,}000-53{,}000{,}000)}{10{,}000{,}000\div 50}=2{,}485円$$
＊類似業種比準価額
$$351\times\frac{(0/7.4+0/34+2{,}485/366)}{3}\times 0.6=475.9円$$
$$475.9\times 500/50=4{,}759円$$
＊純資産価額
$$\frac{1{,}447{,}000{,}000-450{,}000{,}000-(1{,}447{,}000{,}000-947{,}000{,}000)\times 0.37}{20{,}000株}$$
$$=40{,}600円$$
＊類似業種比準価額・純資産価額の併用
$$4{,}759\times 0.9+40{,}600円\times(1-0.9)=8{,}343円$$</td></tr>
<tr><td>対策２</td><td>業容拡大により、売上高を30億円以上（従前26億円）にできれば、会社規模が大会社になる。</td></tr>
<tr><td>効果</td><td>純資産価額との併用の必要がなくなるので、類似業種比準価額の4,759円がそのまま相続税評価額になります。</td></tr>
</table>

(注)直前期末の２要素（配当、利益）がゼロですが、直前々期末の３要素ともプラスのため、比準要素が１つしか無い会社（P102）には、該当しません。

最終更新日：令和6年3月13日

よくわかる事業承継

四訂版

三菱UFJリサーチ&コンサルティング

はじめに

我が国の経済や社会において、中小企業は雇用や技術等の担い手として重要な役割を果たしていますが、将来にわたってその活力を維持していくには円滑な事業承継によって次世代に引き継ぐことが不可欠です。中小企業がその環境変化に順応しながら事業承継という難題を乗り越えていくためには、特効薬的な対策は無く、税法や民法・会社法等も駆使して、自社の望む未来を実現するオーダーメードの事業承継対策を講じる必要があると言えます。昨今は中小企業経営者の高齢化が一層進んでおり、従業員や社外の第三者といった親族外承継も選択肢の一つとなっています。

そこで、本書では、事業承継の現場で発生頻度の高い問題を例示し、その問題を解決するために必要な知識を体系的にわかりやすく説明しています。

前回改訂から４年が経過し、この間に税制などが改正されたことから、初版および前回改訂と同様、税理士法人中央総研の蒔田知子税理士、監査法人東海会計社の小島浩司公認会計士・税理士に執筆いただきました。

本書が少しでも皆さまのお役に立つことができれば幸いです。

令和５年２月

三菱UFJリサーチ&コンサルティング株式会社

【ご注意】
本書は令和4年12月末時点の法令等に基づき作成しております（令和4年12月閣議決定された令和5年度税制改正の大綱による改正も織り込んでいます）。内容については万全を期しておりますが、一般論を述べたものであり、加えて制度改正が頻繁に実施されている分野ですので、実際の適用に際しては個別事情も踏まえて税理士等の専門家にご相談下さるようお願いいたします。また、弊社のホームページの書籍コーナーに追加情報、修正等の追録情報を掲載することもございますので、適宜ご参照頂ければと存じます（www.murc.jp）。

目次

○第１章　事業承継対策の必要性

○第２章　事業承継のための対策ポイント

第1章

事業承継対策の必要性

1. 事業承継対策の進め方

事業承継が円滑に行われない為の廃業が年々増加しています。その原因と見られている中小企業経営者の高齢化も年々進展しています。2021年版「中小企業白書」によると、経営者の年齢層のピークが、20年前の2000年の調査では50歳台前半であったのに対して、2020年は60歳台～70歳台前半であり、経営者年齢の高齢化が急速に進んでいることがうかがえます（P.7参照）。

経営者が高齢になるほど投資意欲の低下や、AI化の遅れ、リスク回避性向が高まり、経営者が交代した企業の方がわずかながら利益率を向上させているとの調査結果もあります。

企業を継続させていくためには、経営者の交代は避けて通れません。しかし後継者の育成やその準備には数年かかります。自社株の承継にあたり、企業経営とは関係の無い過重な借入金を負ってしまっては健全経営上望ましくありませんから、事業承継税制を活用するにしても一定の期間が必要です。

ところが、中小企業庁の資料によれば、下図のように70歳代、80歳代でも、準備が終わっていると回答した企業は半数以下と、後継者、株式など事業用資産の整理が終わっていない企業が多いことが見て取れます。

事業承継を考える経営者は早めに計画･対策に着手する必要がありますが、不慣れのため何から手を付けてよいか迷う経営者も多いことでしょう。事業承継に強い税理士や、取引金融機関など事業承継の案件に多く携わっている相談相手を見つけて利用することも有効です。

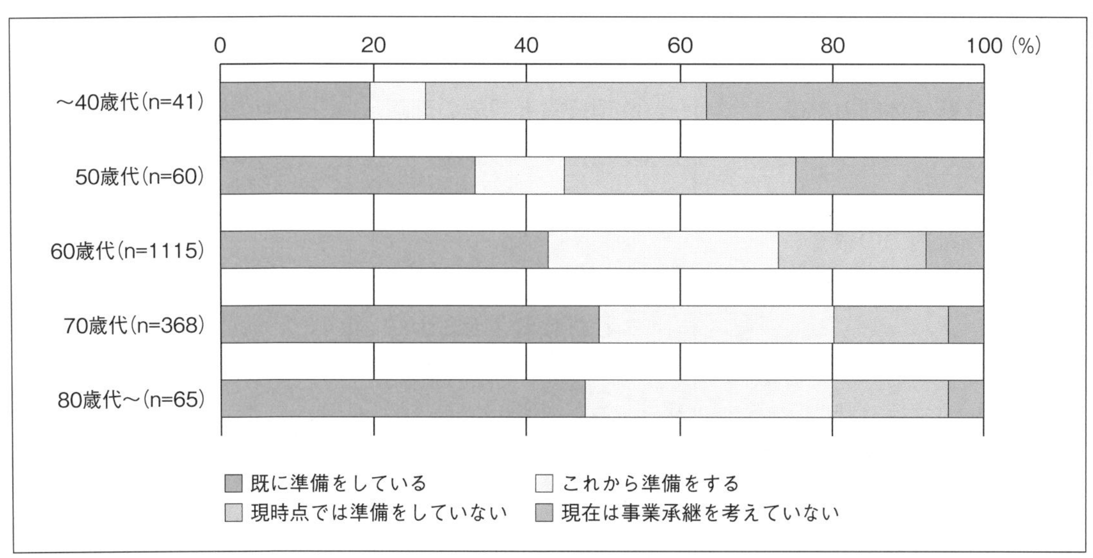

（出典）経済産業省･中小企業庁「中小企業の事業承継に関する集中実施期間について（事業承継5ヶ年計画平成29年7月）（経済産業省）」

① 現状の把握

正しく判断する為には、まず始めに会社を取り巻く現状、具体的には次のような事柄を正確に把握します。

イ. 経営資源（ヒト、モノ、カネ）は？

・従業員の数、年齢
・資産の内容
・キャッシュフローの現状と将来の見込み

ロ. 経営リスクは？

・負債の状況
・会社の競争力の現状と将来の見込み

ハ. 経営者の所有資産と負債は？

・所有する自社株式及び不動産
・個人名義の負債と個人保証

ニ. 後継者候補の状況は？

・親族内にいるか
・親族外にいるのか
・後継者の意欲、能力・適性

ホ. 相続発生時の問題は？

・相続紛争の可能性
・相続税の納税資金

②後継者の決定

①を正確に把握した上で後継者を決定すると、下図のようにある程度対策すべき事柄がはっきりしてきます。

	親族内承継	親族外承継	M&A
対策すべき事柄	1 関係者の理解 ① 事業承継計画の公表 ② 経営体制の整備 2 後継者教育 ① 社内での教育 ② 社外教育・セミナー 3 株式・財産の分配 ① 株式保有状況把握 ② 財産分配方針決定 ③ 生前贈与の検討 ④ 遺言の活用 ⑤ 会社法の活用 ⑥ その他手法検討 ⑦ 事業承継税制の活用	1 関係者の理解 ① 事業承継計画の公表 ② 現経営者親族の理解 ③ 経営体制の整備 2 後継者教育 ① 社内での教育 ② 社外教育・セミナー 3 株式・財産の分配 ① 後継者へ経営権集中 ② 種類株式の活用 ③ MBOの検討 ④ 事業承継税制の活用 4 個人保証・担保の処理	1 M&Aに対する理解 ① 専門的機関へ個別相談 2 仲介機関決定 ① M&Aの手続きの流れの理解 ② アドバイザリー契約締結 3 会社売却価格の算定と会社の磨き上げ ① 不良資産処分などB/Sのスリム化 ② 会社売却価格算定 ③ 企業概要書作成 4 M&Aの実行 ① 秘密保持契約書・基本合意書・売買契約書の締結 5 ポストM&A ① 経営統合の円滑化に気を配る

③事業承継対策

「関係者の理解や後継者教育」と「株式・財産の分配問題」の解決策は性格が異なりますが、本書では、「株式と財産の分配及び承継」を検討します。

ステップ1　情報の収集と整理

現状を把握し、問題点を抽出します。具体的には以下のような作業から始めます。

・現経営者の家族（親族）構成図を作成
・現経営者、後継者の意志の確認
・会社の概況把握、自社株式評価額の算定
・現経営者の財産状況の確認（過去の贈与の把握と現在の相続税額の算定）

ステップ2　プランのたたき台作成

次のような方策について、税法・会社法・民法などの諸制度を考慮した上で対策のたたき台を作成します。

・後継者への資産の移転方法の検討
・納税資金捻出方法の検討
・自社株式評価引き下げ方法の検討
・自社株式以外の相続財産の評価引き下げの検討

ステップ3　実施プラン決定

関係者がそろい、それぞれの思い等を本当にそのプランで実現できるのか再考し、あるいは別法の可能性を探るなど、複数回の検討を重ねて実施プランを決定します。

ステップ4　対策の実施

コストを抑える為には、時間をかけた実施が有効な場合が多く、対策実施中に法令等が改正されたり、経営者を取り巻く状況の変化も有り得るので、適宜プランを見直しながら完成させていきます。特に多額の財産の分配に関することなので、税務上のリスクには十分な注意を払う必要があります。

ステップ5　対策後のフォロー

対策完了後においても、法令等の変更あるいは状況の変化により、対策の修正・追加が必要になる場合があります。

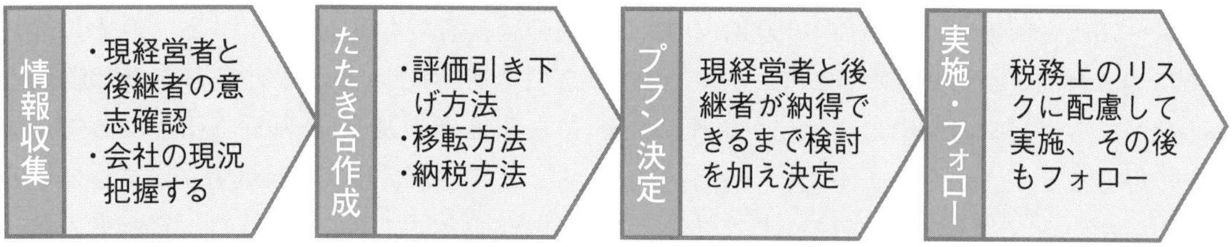

情報収集	たたき台作成	プラン決定	実施・フォロー
・現経営者と後継者の意志確認 ・会社の現況把握する	・評価引き下げ方法 ・移転方法 ・納税方法	現経営者と後継者が納得できるまで検討を加え決定	税務上のリスクに配慮して実施、その後もフォロー

2. 後継者の決定と育成

事　例

私Ｘは機械加工業と機械卸売業を営む会社の社長であり、筆頭株主でもあります。私には家族として配偶者Ｙに加えて長男Ａ、次男B、長女Cの３人の子供がおり、そのうち次男Bは大学卒業後すぐに当社に入りました。また長男Ａは同業の他社に就職しましたが、数年間の修行の後退職して、当社に入社しました。長女Cはすでに結婚し、現在は別の会社に勤めています。

子供たちが成長していく様子を見て、そろそろ引退の時期も考えねばならないとは思っていますが、周囲の目も気になりますし、自分自身がまだまだ元気であるため世代交代は当分先であると思い、今のところ様子見を決め込んでいます。

後継者を決められない経営者

我が国における65歳以上の人口は3,621万人と総人口の28.9%を占めるまでになっており（令和４年版高齢社会白書）、高齢化の流れは確実に進んでいます。この流れは企業においても同様で、2022年版「中小企業白書」によると、経営者の平均年齢は、59.6歳だった2009年以降、一貫して上昇を続けています。2020年には過去最高齢を更新し、経営者の平均年齢は62.5歳となっているようです。経営者の年齢層を見ても、2020年のピークは60歳台～70歳台前半で、20年前の2000年の調査では50歳台前半がピークとされていたことから比べても、経営者年齢の高齢化が急速に進んでいることがうかがえます。

しかしながら、どんな経営者であっても引退とは無縁ではいられません。多くの団塊経営者が引退時期に入りつつあり、後継者の確保は待ったなしの課題といえます。

「後継者」と聞くと、現経営者の子息・子女が真っ先に浮かぶという方が多いのではないでしょうか。実際、後継者のいる企業の承継予定先を見ると、同族承継が３分の２を占めており、後継者が決まっている企業の多くは経営者の親族への承継を予定しているようです。一方で、自社の役員や従業員、M&Aなど親族外・社外への承継も全体の３割を超え、親族外承継も必ずしも例外とは言えなくなりつつあります。

ただ、それは結果としての話であって、事業承継が行われる前の段階では必ずしもすべてが円滑に進んでいる訳ではないようです。2016年に中小企業庁が50歳以上の経営者のいる企業を対象に実施した調査によると、50歳代の経営者でも６割弱がいずれ「誰かに経営を引き継ぎたい」と考えており、70歳以上になるとその割合は8割近くにのぼっています。ところが、現実に後継者が決まっているという割合は４割にとどまり、後継者の候補さえもいないというケースも３割あるようです。このように事業承継に向けた準備の必要性は認識しつつも、半数以上の企業が後継者をいまだに決定できていないようです。

つまり、本来は事業承継の検討が必要な企業の多くにおいて、経営者は後継者を決めきれずに今後の事業承継を悩んでいるのです。

●中小企業の経営者年齢の分布（年代別）

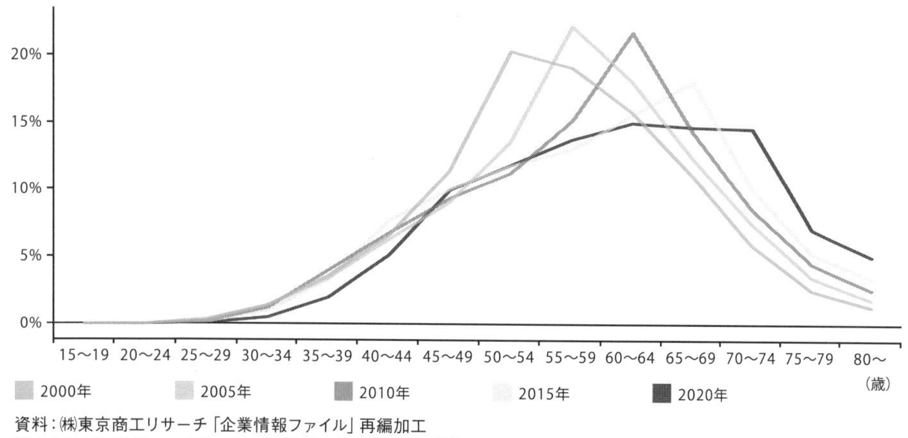

資料：㈱東京商工リサーチ「企業情報ファイル」再編加工
（注）「2020年」については、2020年9月時点のデータを集計している。
（出典）2022年版「中小企業白書」P.Ⅰ-92

●後継候補者のある企業の承継予定先

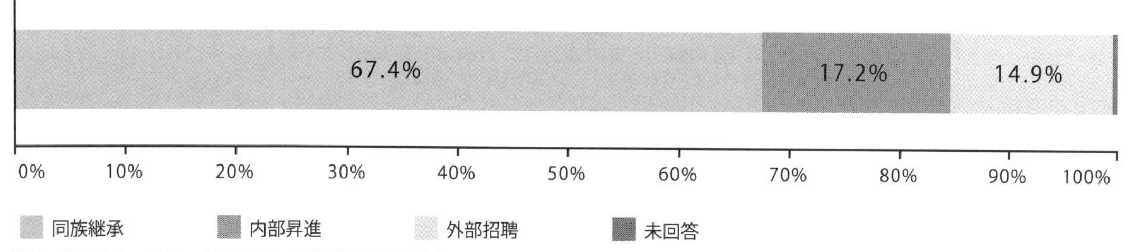

資料：㈱東京商工リサーチ「2020年後継者不在率調査」
（注）㈱東京商工リサーチが保有するデータのうち、後継者「有」としている企業情報を集計している。同族継承は現経営者の親族への承継、内部昇進は社内の役員や従業員への承継、外部招聘は外部の第三者への承継を指す。
（出典）2021年版「中小企業白書」P.Ⅱ-323

後継者を指名しないとトラブルのもと

しかし、後継者を決めないこと、特に冒頭の例のように具体的な候補者がいるにも関わらず長く後継指名を行わないことが本当によいのでしょうか。

この事例では後継候補者は長男Ａ又は次男Ｂの複数が考えられますが、後継者という観点から長男Ａ、次男Ｂそれぞれに優れている点、注意が必要な点があるでしょう。二人の成長をもう少し見守ってから判断したいという気持ちも十分理解できます。

ただ、一般には長く後継者を決めないことについてはマイナス面の方が多いようです。例えば、周囲の関係者が長男Ａ、次男Ｂそれぞれに取り入って同じ会社内で派閥が出きてしまうというようなことも時おり見られます。現経営者がしっかりしているうちはそれでも問題ありませんが、いざ相続という時にはもめごとが一気に表面化するかも知れません。

また、そうでなくとも後継者には周りからの期待と不安が集中し、多大な重圧がのしかかるものです。今は、自社株式を握っているだけで経営者として振る舞える時代ではありません。周囲が納得する「何か」を持っていなければならないのです。

そのためには、早い段階から経営者自身が周囲の関係者の理解を得られるよう働きかけを始めた方が、その後のバトンタッチがスムーズに進むといえるでしょう。

●後継者を決定する上で重視した資質・能力

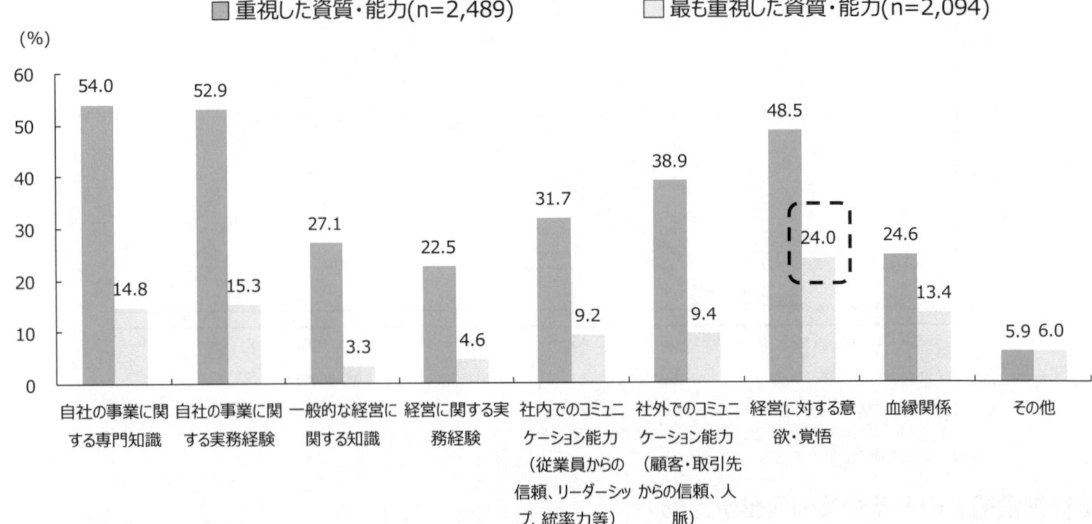

資料：みずほ情報総研㈱「中小企業・小規模事業者の次世代への承継及び経営者の引退に関する調査」（2018年12月）
（注）1. 引退後の事業継続について「事業の全部が継続している」、「事業の一部が継続している」と回答した者について集計している。
2. 「重視した資質・能力」については複数回答、「最も重視した資質・能力」については単一回答となっている。
3. 「重視した資質・能力」については、複数回答のため、合計は必ずしも100%にはならない。
（出典）2019年版「中小企業白書」P90

後継者の育成

後継候補者がすでにいる場合でも先ほど述べたように、すんなりとバトンタッチができる訳ではありません。従業員、取引先、金融機関等誰もが納得する知識、見識、経営能力を身につけなければなりません。そのために、「事業承継計画」を策定し、後継者候補には早い時期から後継者教育を行っていくことが重要です。

たとえば長男Aは大学卒業後に同業他社に就職していますが、同じ業界に身を置く他社で切磋琢磨しその経営手法を学ぶことも立派な後継者教育です。

また、社内においてはジョブ・ローテーションを行って、各部門の業務内容の特徴や顔ぶれなどを勉強することも大切です。ただしその際、後継候補者は企業経営の観点から参加し、一従業員としての意識に入り込み過ぎないようにすることも必要です。

もし後継候補が複数いるならば、いっそのこと持株会社制に移行して、持株会社の傘下に複数の事業会社を作り、それぞれに会社の経営を任せるのも、責任意識の植え付けや部門損益の明確化とともに、将来の事業承継における分社化などのオプション材料とすることもできるかもしれません。

外部活用としては、各種研修や交流会への参加も、知識の習得のみならず人脈の形成にも有効です。

ただし、後継者教育が本当の意味で効果を上げるためには、後継者自身の自覚と意欲が不可欠です。「そのような立場になったから仕方なく」というような受け身の立場では、会社のかじ取りも上手く行かない可能性があります。

親族に後継候補者がいない場合

後継者の選択肢は親族ばかりではありません。親族内に後継者となりそうな適当な候補者がいない場合、親族外に後継候補者を探さなければなりません。

外部の後継候補者探しの選択肢としては、社内人材の活用（MBOやEBO）、外部人材の招聘、第三者への承継（M&A）があります。

「プロの経営者はなかなかいない」といわれるように、外部人材の招聘による後継者の確保は難しいのが現実ですが、深刻な後継者不足と世間の理解の深まりによって、MBOやM&Aは今では決して珍しいものではなくなっています。

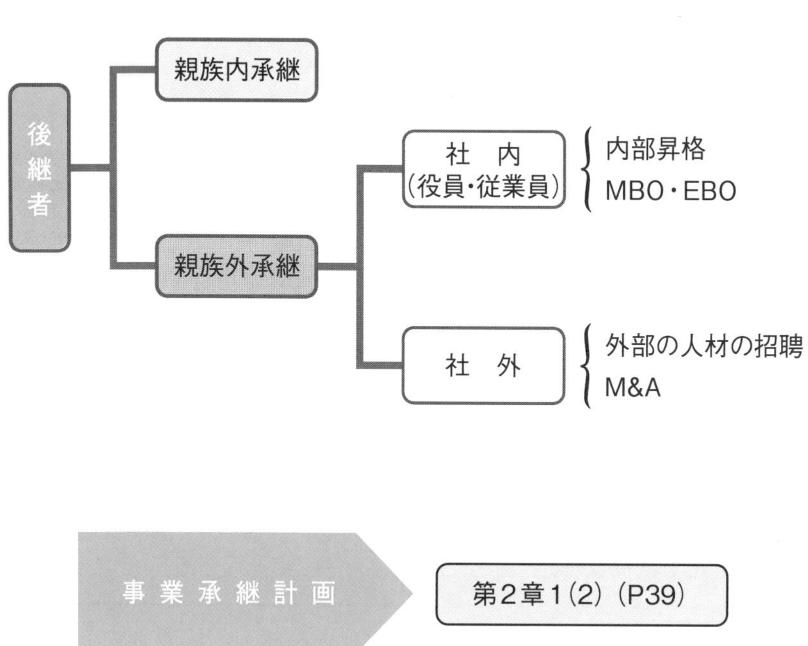

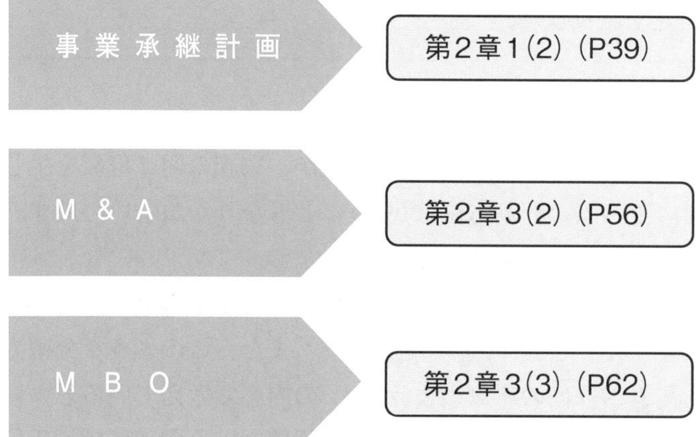

3. 紛争トラブルの防止

事　例

私（X）は30年前に自動車部品製造業の会社を設立し、長年経営者として働いてきましたが、最近健康面に不安を感じ、今後のことを決めていかなければと考えています。

私の家族は配偶者Yの他、以下のとおりです。

長男Ａ………10年前にX氏の会社に入社、現在専務

次男Ｂ………大学卒業後上京、総合商社に勤務

長女Ｃ………未婚。海外留学中

一方、私の財産はといえば主に当社の株式で、次のような資産があります。

項　目	評価額
現預金	5,000万円
自社株式	7億円
自宅の土地・建物	8,000万円
賃貸不動産（自社に賃貸）	1億7,000万円
合　計	10億円

(注) 評価額は相続税評価で、簡略化のため時価と等しいものと仮定し、評価減の特例は考慮しません。

私としては、最も優先すべき課題は事業継続であると考えており、これらの財産のうち、長年連れ添ってくれた家内Ｙに現預金3,000万円と自宅不動産を遺し、長男Ａに自社株式と事業用の不動産を引き継いでもらい、次男Bと長女Cには現預金1,000万円ずつを分け与えたいと考えております。

遺産の分割方法は原則として自由

相続が発生すると、相続人は遺産分割に関する協議を行います。その際の分割方法は民法に定める法定相続割合による必要はなく、各人が同意すれば原則としてどのような分割方法によっても構いません。

ただ、そうはいっても、今回の事例のようなＸ氏の考える分割方法で全員が納得するでしょうか。遺産10億円のうち、配偶者の取り分は１億１千万円、長男Ａは８億７千万円、次男Ｂと長女Ｃはそれぞれ１千万円とアンバランスになっています。特に次男Ｂと長女Ｃからすると、不公平な印象があるかも知れません。せっかく長年苦労して築き上げた財産が、家族の間に亀裂を生じさせる紛争の原因ともなりかねないのです。

被相続人の意思通りに遺産を分けるために

また、このような分割方法はあくまでＸ氏の内心で考えている思いに過ぎません。いざ相続という段階にはＸ氏は自ら指示することは不可能ですから、次男Ｂや長女Ｃにとって自分が不利になるような分割方法を、次男Ｂや長女Ｃが自ら申し出るとは考えられません。

つまり、何らかの目的のために特定の人に特定の財産を遺したい場合、被相続人は自分

の意思を相続時に皆に伝えることが必要であり、その手段となり得るものが「遺言書」です。遺言者は相続人間のトラブルの防止のために重要な役割を持っており、あらかじめ遺言書を用意しておくことはＸ氏にとって大切な仕事の一つと言えるでしょう。

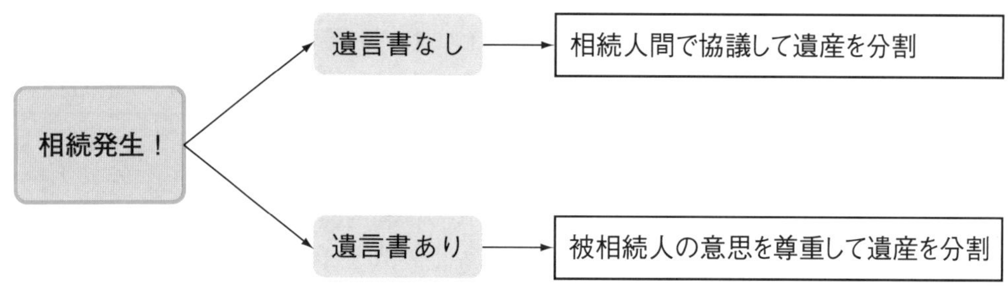

資産の内訳に見る本質的な問題

Ｘ氏には相続人が４名いるにも関わらず、このようなアンバランスな資産分けをしなければならない根本的な原因は、事業関連資産を後継者に集中して相続させようとすることにあります。これは相続の対象となる人が会社オーナー兼経営者であった場合に往々にして起こりうる問題で、後継者の会社運営を安定したものにしようとする場合、会社経営に関わる資産は後継者に相続させなければなりません。ところが、それ以外の資産が十分にない場合には、結果的に他の相続人に分配する資産はあまり多く確保できず、相続人間でアンバランスが生じて紛争のもととなるのです。

一方で、長男Ａから見ると、自社の株式は評価額こそ７億円と高いものの、簡単に換金することができる訳でもなく、これを含めて「アンバランス」とされるのは納得がいかないでしょう。しかも、家業を継ぐという決してリスクが低いとはいえない責任を背負っていると自覚しているでしょうからなおさらです。

今回のケースでは会社の株式のみならず、会社が使用する固定資産も個人所有となっているため問題が複雑です。これらの不動産は会社に賃貸されますので、不動産の所有者には賃貸料収入が入ってくるのです。そのため、賃貸料収入の見込める不動産だけは、後継者以外の相続人も分配を求めるということも考えられます。

そこで、たとえば資産管理会社を設立して賃貸不動産をその会社の所有とし、資産管理会社の持分を相続人で共同して相続し、各相続人が給料や配当で還元を受けるようにするといった対策も必要となってきます。

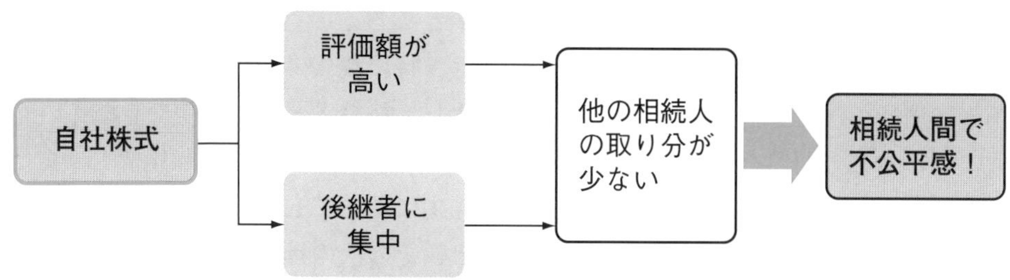

遺留分への配慮

遺言書は、被相続人たる先代の意思を伝えるための有力なツールです。しかしながら、現在の法律では先代の意思を一方的に押し通すことには制限が設けられています。

民法では、相続人に対し遺産の一定割合を相続できる最低保証としての権利が与えられています。これを「遺留分」といいます。

改めて詳述しますが、遺留分としての取り分は原則として法定相続分の1/2とされています。したがって、本例では配偶者Ｙ、次男Ｂ、長女Ｃへの分配額は遺留分が侵害されている可能性があります。

遺留分を侵害された相続人は、長男Ａに対して侵害している遺留分の財産の額を返還するよう請求することができますので、この権利が行使されると遺言書通りに遺産分配がなされない恐れも出てきます。遺言書を作成するにあたっては、このように後継者以外の相続人の権利に対しても配慮する必要があり、やはり事業用資産を後継者に集中的に相続させることは難しいのです。

これについて、中小企業の事業承継を総合的に支援するために制定された「中小企業経営承継円滑化法」と呼ばれる法律では、この遺留分について民法特例を設け、後継者が自社株式を相続しやすい仕組みが設けられました。同法では事業承継に伴う税負担を軽減する事業承継税制のための認定も盛り込まれており、この特例の活用も事業承継対策の課題となっています。

種類株式の活用

平成18年に施行された会社法においても、自社株式に係る承継の問題を解決しやすくするための配慮がなされています。

被相続人の目ぼしい財産が自社株式のみという場合、相続人間で公平性を保つためには自社株式の一部を非後継者に分け与えなければならないというケースもあり得ます。多くの会社では一株一議決権の普通株式のみが発行されているため、非後継者に自社株式が渡る分だけ、後継者の議決権比率、すなわち経営支配権が低下します。

これに対して、種類株式を発行すると、株式の権利内容に差異を設けることができるようになります。すなわち、「株は渡すけれど経営権は渡さない」ということも可能になってくるのです。

実務における本格的な活用法や理解の浸透はまだまだこれからですが、今後は先代経営者、後継者、他の相続人それぞれの状況やニーズに合わせたオーダーメードの種類株式の設計・発行が行われるようになってくることが予想されます。

更なる世代交代に向けて

従来、相続対策は「株式を分散する」というアプローチが主流で、子息・子女や孫、取引先、従業員や役員に株式を分与することが多く行われていました。ただ、これは相続税額の軽減という点では高い効果を発揮するものの、後継者の経営支配権の確保には必ずしもつながっていないという指摘もありました。

株式を分与した段階では、渡した相手は先代経営者から関係の近い身内や役員等がほとんどですから、彼らはいわば協力株主として機能します。

ところが、後継者が事業を承継する頃には、特に親族外の株主については関係が希薄化し、後継者としては「やりにくい」株主となってしまう可能性があります。また、親族株主についても、彼ら自身に相続が発生すると、その次の世代が新たな株主として登場します。これが繰り返されていくと、その会社とはほとんど関係のない株主が多く発生し、これも経営者としては会社運営をやりにくくする一因ともなります。

非上場株式については贈与税や相続税の納税猶予という制度が用意されていますが、この制度においては後継者に株式を集中させることを想定しており、過度に株式が分散していると、特例の活用が困難となる可能性も出ています。

相続対策、とりわけ事業承継対策は、「株式を分散させない」そして「少数株主を排除する」という新しい段階に入ったといえます。

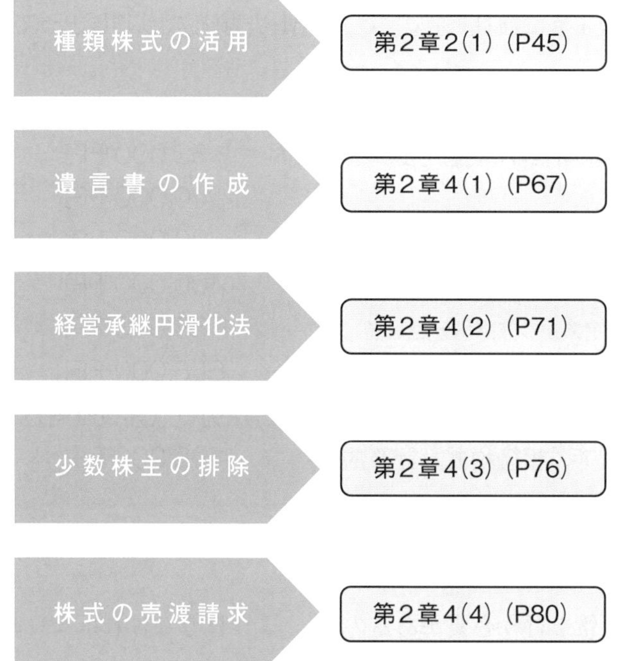

4. 自社株式や事業用資産の移転

事 例

X社のオーナー（社長）Aは、長男Cに自分が経営してきた会社を承継させる準備を始めたいと思っています。長男CはX社に入社後8年を経ましたが、意欲的に仕事に取り組み、他の従業員からの信頼も得ています。社業の方は、ニッチな市場であることも幸いして順調と言えます。オーナーAはこれまで、「会社は利益を出して納税することが本分」と、役員報酬を生活必要資金以上に余分に取ることもせず、X社の仕事一筋で頑張ってきました。その結果、良い会社と後継者を育てることはできましたが、反面、オーナーAの個人資産は、下記のように自社株式のみが突出した額となってしまっています。

＊オーナーAの個人資産

自宅（小規模宅地の評価減特例適用後）	53,000千円
現預金	40,000千円
会社の敷地（小規模宅地の評価減特例適用後）	80,000千円
自社株式	400,000千円
死亡退職金（予定額かつ非課税分控除後）	85,000千円
合　計	658,000千円

＊オーナーAの相続人：妻B、長男C（後継者）、次男D（非後継者）

＊オーナーAの現状での相続税概算計算額　198,000千円

事業承継対策を行う必要がある場合

一般的に事業承継対策を行う必要があるのは、次のような場合です。

①承継者難

30年前には親族内承継が90%を占めていましたが、近年は従業員や社外の第三者といった親族外への承継が増加しています（P.55）。そして、休廃業数・解散した企業の数の調査データをみると、事業承継のための後継者を見つけることができないまま廃業を選択している可能性もありそうです（P.54）。

また後継者候補が複数いる場合も、その人選において、後に感情的なしこりを残さないようにしなければなりません。

②保有資産額が大きい

相続税や贈与税など、財産承継のための税負担が高額になってしまいます。

③保有資産が事業用資産に偏っている

複数の相続人がいる場合に公平な財産の分配が困難になります。また売却することのできない事業用資産に偏っている場合は、相続等を経て事業用資産が分散してしまうケースも見受けられます。

●事業承継対策が必要なケース
～３つのケースは単独よりも、複合的に重なり合う場合が多い～

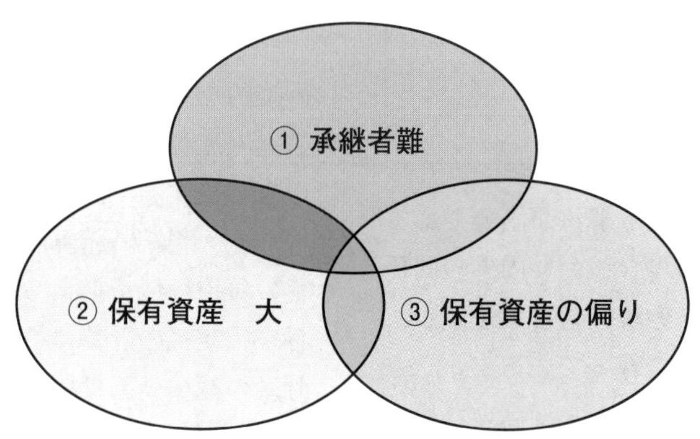

事業承継 ＝ 経営の承継 ＋ 事業用資産の承継

多くの中小企業では、社長の個人財産を事業のために提供していたり、逆に銀行との関係で個人保証を提供していたりする為、経営者の個人財産が企業経営の中に組み込まれている例が非常に多くなっています。

また中小企業の強みは、経営者の判断一つで会社を取り巻く事情や事件にスピーディーに対処できることにあります。所有と経営が分離している大企業では、役員会や株主総会の決議を経なければ実行に移せない事柄も、中小企業では社長の判断一つで決定できます。その身軽さを駆使してこそ、厳しいビジネスの世界で大企業に伍して対等に渡り合っていけると言っても過言ではありません。

つまり後継者の下に、社長の椅子だけではなく、自社株式や事業に直接あるいは間接に提供されている財産を承継させることができてこそ事業を承継したと言えます。

生前移転対策のポイント

自社株式や事業用資産を経営権と一緒に後継者へ委譲していく際には、次のような点に留意する必要があります。

①前項で述べた他の相続人の遺留分を配慮すること

②円滑な会社経営に必要な資産（総議決権数の2/3（注）に相当する自社株式、会社の事業の用に供している不動産、及び経営者として金融機関等に対し一定の保証能力を裏付けることができる資産）を、後継者へ取得させること

（注）2/3というのは、株主総会における特別決議は、「議決権の過半を有する株主が出席し（定足数）、その出席株主の議決権の2/3以上の多数」で決定されるため、総議決権数の2/3を後継者が保有していれば、一定の重要な事項について決定権を留保できるためです。

③自社株式の評価引き下げ対策と、贈与・譲渡など複数の移転対策を組み合わせて検討すること

■事例の場合のポイント

① 後継者候補あり → ○
② 相続税納付困難 → ×
③ 遺産の大半が事業用資産 → ×
（遺産の分割困難）

承継者難の問題は、最も解決が困難であると言えますが、事例の場合、幸い内外の関係者が一番受け入れやすい現経営者の子息が、適切な後継者候補として育っています。

しかし自社株式の評価額が大変高いため、相続税は納付困難なまでに多額となっています。また、非後継者への遺産分割は困難な状態になってしまっています。

事業承継＝経営の承継＋事業用資産の承継ですから、後継者Cのところへ、事業用不動産と自社株式を集中させる必要があります。

移転方法

自社株式や事業用資産を後継者に移転する方法には、大きく分けて贈与と譲渡があります。また株式そのものを移転させる効果には及ばないものの、後継者を対象にした第三者割当増資によっても、オーナーの保有株式シェアを低くし、後継者のそれを高めることで一定の効果を得られます。

二通りの贈与による移転

贈与は平成15年度の税制改正で相続と贈与を一体化して創設された「相続時精算課税制度による贈与」と「通常の贈与」の二方法があります。いずれによっても、生前の早い時期に後継者に渡すことで、事業用資産等の散逸を防ぐ効果があります。しかし相続開始以前10年内（注1）にされた過去の贈与財産は、遺留分をめぐる争いが発生すると、遺留分の計算対象財産に加えられることに留意が必要です。

（注1）民法（相続法）改正（2019年7月施行）により、遺留分制度の見直しが行われています（P.71参照）。

そして、通常の贈与によれば、相続財産の直接的な減少効果はあるものの、受贈者側で超過累進税率による高額な贈与税負担の問題が生じます。

一方、相続時精算課税制度によれば、贈与税の負担は低く抑えられますが、原則として将来相続税の計算に持ち戻されるため、相続財産の減少効果は得られません。ただし、令和5年度税制改正（注2）で持ち戻しの対象外となる年110万円の基礎控除枠が創設されます。

（注2）令和5年度税制改正の大綱（令和4年12月23日閣議決定）に基づき記載しています。

なお、非上場株に係る贈与税の納税猶予制度を利用した自社株式の一括贈与については、次の事例に記述します。

譲渡による移転

譲渡の場合にも、後継者本人が取得する場合と、後継者が主催する会社が取得する場合の二態様が考えられます。譲渡を選択すると、オーナーの財産を現金化することができますし、遺留分の問題が発生する余地はありません。しかし後継者または後継者の主催する会社で、事業用資産等の購入資金の負担が必要です。かなり多額になる場合も少なくありません。

またオーナー側では、譲渡益に対して譲渡所得税および住民税が発生します。

［譲渡収入ー取得費・必要経費］× 税率

所得税	15%
住民税	5%
復興特別所得税	0.315%

第三者割当増資による移転

会社が増資を行い、後継者がその株式を引き受けると後継者側へ支配権がその分移転しますが、特に有利な発行価額での引き受けで無い限り、直ちに相続対策の効果はありません。もし時価より低額の有利な発行価額による第三者割当増資が行われると新株を引き受けた後継者について、旧株主から経済的利益を受けたものとして贈与税を課されるおそれがあります。ただし給与所得等として所得税の対象となる場合は除かれます。

自社株式の承継を困難にする元凶はその高い評価額

どの手法を選択しても一長一短がありますが、短所の方の原因は、税負担が重くのしかかるのも、取得資金の負担に困難を来すのも、自社株式等の評価額が高いことです。つまり事前に評価額を下げる対策を実施した上で、これらの方法を選択または組み合わせる必要があるということです。

事業用資産の承継対策は、簡単では無いかもしれませんが、自社株式等の移転を済ませておけば、会社が成長し将来株価が上昇した場合に大きなメリットを得られます。

代償分割

更に、非後継者Dへの分割遺産を確保するため、代償分割の方法が考えられます。

代償分割とは、遺産が分割困難な財産である場合に、一人又は複数の相続人がその者の相続分を超える遺産を取得する代わりに、相続分に満たない遺産しか取得しない相続人に対して債務を負担するという遺産の分割方法です。具体的には、後継者Cが事業用資産と自社株式のすべてを相続して非後継者Dの相続分を侵害してしまう部分を、後継者Cの固有資産から償う方法です。

この代償資金の準備方法には、後継者Cが父親（社長A）の相続に際し、受け取るみなし相続財産である生命保険金や、生前から後継者Cが契約者（保険料の支払い者）及び受取人で、父親（社長A）を被保険者とした保険契約の受取保険金を充てることが考えられます。このとき注意したいのは、非後継者Dを受取人とする保険契約では、遺留分の解決にはなりません。みなし相続財産である保険金は、相続税の課税対象資産には含まれますが、遺留分算定の取得資産には含まれないからです。

また会社の敷地や自社株式の自社への譲渡代金を代償資金に充てる方法もあります。自社への不動産や自社株式の譲渡（金庫株）については、生前に実施し分割可能な金銭への財産の組み替えも考えられますが、相続発生直後の譲渡の場合は取得費加算の特例を適用し、譲渡所得税及び住民税を軽減出来ます。一方生前中の金庫株にはみなし配当課税（配当控除前の最高税率55％）が行われますので、不動産･自社株式のいずれも相続発生後の方が税負担を低く抑えられる場合が多くなっています。

小規模宅地等の特例

「小規模宅地等の特例」は、相続税を減税する特例です。被相続人が住んでいた土地や事業の用に供していた土地について、一定の要件を満たせばその評価額を80％または50％減額できます。

事業承継にあたって活用が期待できるのは次の３つです。

種類＜宅地の状況＞	減額割合/面積制限	適用要件
特定同族会社事業用宅地等 ＜被相続人あるいは被相続人と生計を一にしていた親族が50％超の株式を保有している会社（不動産賃貸業を除く）に、貸付けていた宅地＞	80％ / 400m^2	賃貸借要件 その同族法人に対して、相当な対価でその宅地又は建物を賃貸していること。 法人役員要件 その宅地等を取得した親族が、申告期限においてその法人の役員であること。 保有継続要件 その宅地等を申告期限まで保有すること。
特定事業用宅地等 ＜被相続人（生計を一にしていた親族を含む）が事業（貸付事業を除く）の用に供していた宅地＞	80％ / 400m^2	事業継続要件 被相続人の事業を申告期限までに引き継ぎ、かつ、その事業を申告期限まで継続すること 保有継続要件 その宅地を申告期限まで保有すること
貸付事業用宅地等 ＜被相続人等（生計を一にしていた親族を含む）が貸付事業をしていた宅地＞	50％ / 200m^2	事業継続要件 被相続人の貸付事業を申告期限までに引き継ぎ、かつ、その貸付事業を申告期限まで継続すること 保有継続要件 その宅地等を申告期限まで保有すること

●株式・財産の移転方法

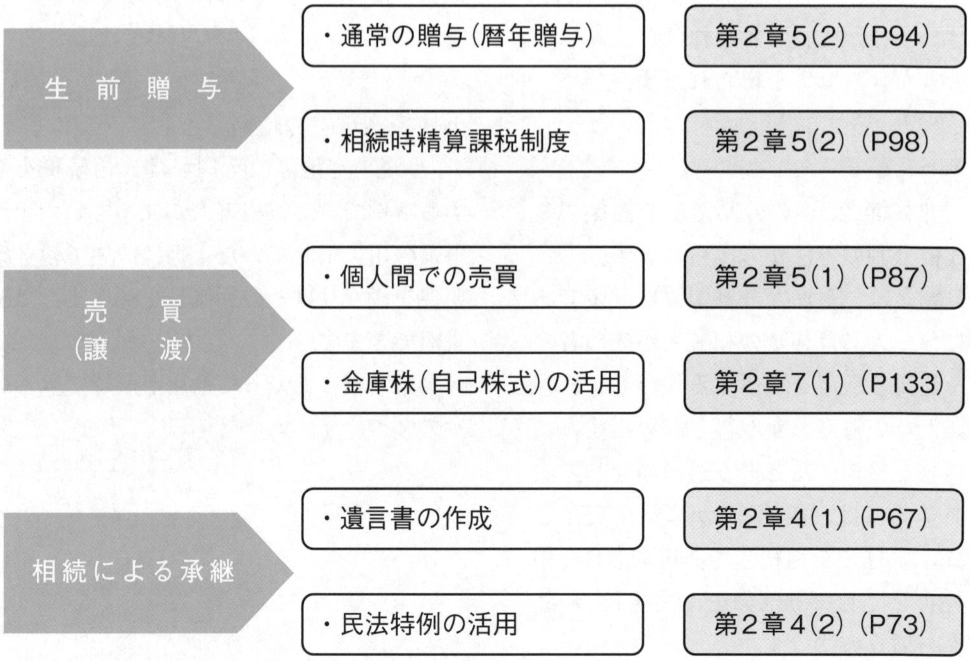

生前贈与	・通常の贈与（暦年贈与）	第2章5(2)（P94）
	・相続時精算課税制度	第2章5(2)（P98）
売買（譲渡）	・個人間での売買	第2章5(1)（P87）
	・金庫株（自己株式）の活用	第2章7(1)（P133）
相続による承継	・遺言書の作成	第2章4(1)（P67）
	・民法特例の活用	第2章4(2)（P73）

5. 相続関連コストの圧縮

事　例

私(X)は40年前にA社(紛体機械製造)を立ち上げました。その後経営上の都合でB社(販社）とC社(設計業務請負)も設立して現在に至っています。社業も山谷はありましたが順調に成長し、後継者として長男も力をつけて来ました。しかし3社の株式の80%を私が、専業主婦として家庭を守ってくれた私の妻(Y)が20%を所有したままで、後継者への承継が進んでいない事が心配の種です。最近FPの勉強をしている甥から非上場株を後継者へ承継させるに当たっては、まず評価額を引き下げる対策が先決であること。納税猶予制度という自社株の相続税や贈与税負担を軽減できる制度があるが、平成30年4月1日からそれまでの制度（一般措置）の要件等を大幅に拡充した納税猶予制度（特例措置）がスタートしており、この制度を上手く活用できれば贈与税も相続税も０円で長男に自社株を承継できると聞かされました。当社の株式にも評価額引き下げの余地があるのか？また当社は納税猶予制度（特例措置）の恩恵を受けられるのか否か？是非知りたいと思っています。

A社
従業員　200名
保有不動産　7億円
評価額（類似）　3,000円
発行株数　160,000株

B社
従業員　28名
保有不動産　無し
評価額（併用）　4,000円
発行株数　10,000株

C社
従業員　8名
保有不動産　無し
評価額（併用）　6,000円
発行株数　10,000株

また私は約3,000坪程の未利用の土地を所有しています。元は雑木が茂げるどうしようもない荒れ地でしたが、土地区画整理事業が入り良い土地になったのは良いが、評価額も上がり相続税負担はかなりの額になりそうです。この土地にも株式の納税猶予制度のような救済制度はないのでしょうか？

納税負担は無視すべきでは無い

後継者が相続人である場合には、事業承継と言っても、基本的には家族間の価値の移転に過ぎません。一家を一単位と考えれば、その中での価値の移転は単なる内部取引に過ぎない訳です。それなのにその価値の移転に課されるコスト（相続税や贈与税など）は、外部へ流出していってしまいます。この税金コストの低減は、重要課題と言えます。

評価額を引き下げた直後の対策が必要

相続税や贈与税は、移転する財産の評価額に税率を乗じて算定されますから、財産の評価額を下げることができれば税金コストはおのずと低減できます。

評価額の引き下げは、すべての資産について検討すべきことは言うまでもありませんが、中でも自社株式については特に留意が必要です。

自社株式の評価額は、その会社の純資産価

額や一株当たりの利益により、存外高くなることがあります。

しかも自社株式は、売って換金することができないので、自社株式に対する相続税を、他で工面しなければならなくなってしまいます。

一方で、自社株式は他の資産に比して、評価額引き下げの対策が講じやすいという一面も持っています。自社株式の評価額が高くなっている要因に注目して適切な事前対策を講じた上で、贈与や譲渡などを実施すれば、税負担に大きな違いが生じます。

ここで忘れてならないのは、自社株式の評価額を引き下げる対策の効果については、会社の規模変更対策等のようにずっと続くものと、利益や配当を抑える決算対策のように、次の決算を迎えると、その効果が消えてしまうものがあります。後者の対策をとった場合には、評価額が下がったタイミングを逃さない贈与や譲渡の株式移転実施が必要です。

遺産に占める自社株式の評価額が高くなる主な要因

自社株式の評価額が高くなる要因は、概ね次のようなものです。

(1) 不利な評価方法を採用すべき会社に区分されている。
　① 株式保有特定会社、土地保有特定会社に該当
　② 小会社に区分されるため、純資産価額の影響が強くでる。
(2) 評価要素が、類似業種に比して高い。
　① 毎期多額の配当を出している。
　② 毎期多額の申告所得を出している。
　③ 内部留保（純資産）が多額にある。
(3) 発行済株式総数に占める保有株数比率が高い。

自社株式対策フローチャート

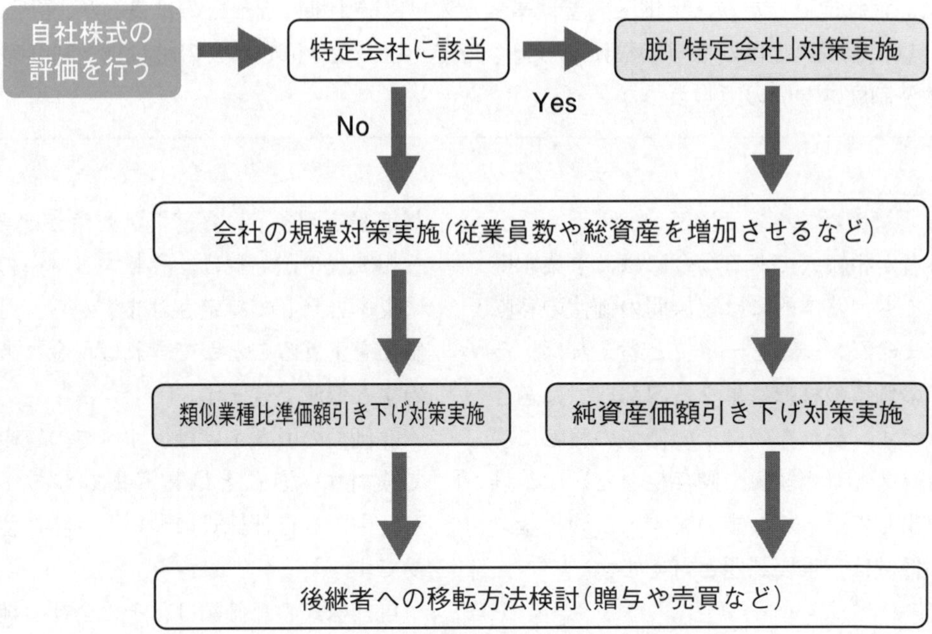

自社株式の評価を行う
特定会社に該当
Yes
脱「特定会社」対策実施
No
会社の規模対策実施（従業員数や総資産を増加させるなど）
類似業種比準価額引き下げ対策実施
純資産価額引き下げ対策実施
後継者への移転方法検討（贈与や売買など）

評価額を引き下げる手段は多くある

遺産の中の自社株式の評価額は、１株当たりの評価額×所有株数ですから、評価額（評価引き下げ）か株数（数量減少）のいずれかを引き下げれば自ずと安くなります。両方の対策を講じることができればさらに効果的であることは言うまでもありません。そのほか納税猶予制度を活用しても評価額を80％または100％下げたのと同様の効果を得られます。

１株当たり評価額を引き下げる為には、非上場株式の評価の仕組みを検討して、上記の自社株式の評価が高くなる要因の（１）や（２）に対して有効な手段を講じます。具体的には、会社の区分変更、赤字決算や含み損の活用、高収益部門の他社（子会社等）への切り離しなど評価要素を引き下げる対策を実施することになります。

また、所有株数を減らすには、後継者本人への贈与や売買のほかに、従業員持株会や持株会社への譲渡、あるいは発行会社への譲渡（金庫株）等が考えられます。

会社法の施行により発行できることになった種類株式の活用を視野に入れるなら、配当優先無議決権株式を非後継者へ贈与することも考えられます。

また、孫への一代飛ばし贈与も有効です。ただし孫が後継者になるかどうか判らない段階では、確実な対策とは言えません。

さらに取引相場のない株式にかかる相続税の納税猶予制度と贈与税の納税猶予制度を活用すると、一般措置の利用でも自社株式の相続税の８割（適用株数に制限あり）削減、特例措置を利用すれば、一代限りですが自社株式の承継コストを０円にできます。相続税と贈与税の流出を止められるという面では、自社株式の評価引き下げ対策を講じた場合と同じ効果があります。

事例のケース

事例のケースは、非上場株式の納税猶予制度（新・特例措置）の適用で、自社株承継コストをかなり圧縮できます。制度の持つリスクを軽減しながら、適用要件を満たす工夫をすべきです。

事例文の中で明らかな検討課題には、①承継すべき会社は３社あり１社ずつの納税猶予申請手続きは手間がかかること、② 未利用地の地価上昇、③ オーナー社長Ｘの妻Ｙも自社株式の20％を保有していることの３点があります。

承継すべき会社が複数ある時はホールディング会社（持株会社）を利用

前記①の問題を解決するために、税制適格株式交換の制度を活用して、ホールディング会社が他の会社を100％子会社として所有する体制に変更します。ホールディング会社（持株会社）には当社グループが営業を続ける限り欠くことのできない人材（＝雇用数変動の無い人材）、例えば経理部門や設計部門等々の５～６人を配した上で、ホールディング会社（持株会社）を納税猶予制度適用会社とします。こうすることで納税猶予申請手続きは１社のみで済みますし、将来３代目への自社株承継にあたって、特例措置が終了し、一般措置のみになっていたとしても適用会社の雇用人員数変動対策がいりません。

ホールディング会社（持株会社）を資産保有型会社とみなされない会社にする

ところで、ホールディング会社（持株会社）は子会社の株式を100％保有し、その結果、株式保有特定会社（非上場株式評価上の会社区分）に該当してしまうのを避けるため、不動産や関係会社への貸付金を保有するケースが多くなっています。そのため資産保有型会社（納税猶予制度適用上の会社区分、P117参照）の判定上、非上場かつ事業実態のある子会社の株式は除かれるとしても特定資産の保有割合が大きくなり、資産保有型会社に該当する可能性が高くなります。そこで資産保有型会社及び資産運用型会社に該当しないとみなされる会社の３要件（ⅰ同族関係者への貸付以外の商品の販売、資産の貸付等を３年以上　ⅱ後継者の家族以外の常時使用従業員５名以上　ⅲ ⅱの従業員が勤務する事業場を所有または賃借）を確実にクリアーさせます。

納税猶予制度適用でも評価額を下げておく方が望ましい

ホールディング会社（持株会社）は子会社株式を100％保有することになるため、非上場株式評価額算定規定上の株式保有特定会社に該当する可能性が高くなります。

一般措置の場合は、たとえ自社株式承継コストの８割を納税猶予されるとしても２割部分の納税は発生します。特例措置の場合でも制度のしくみ上、贈与税の納税猶予を受けた後、先代（贈与者）に相続が発生した場合にはみなし相続財産として相続税の対象財産となります。自社株式の相続税は納税猶予になるとしても、相続税はすべての遺産の合計額で税率が決まりますから、納税を猶予されない他の財産に係る相続税の税率を高くしてしまう可能性があります。これを下げる対策として組織再編税制の税制適格会社分割を行い、ホールディング会社に不動産など株式以外の資産を所有させることで、総資産のうちに占める株式の割合を50％未満にします。これで株式保有特定会社の縛りを外し、類似業種比準価額（一般的には純資産価額より低い場合が多い）を評価にあたり採用（会社規模により割合に差がある）できる会社になります。

その他組織再編コストの低減

税制適格会社分割で不動産の所有者が変わる場合、資産の移転は簿価を強制されますから法人税発生の余地はありませんし、不動産取得税もかかりません。しかし所有権移転による登録免許税のみは発生します。そこで事例の場合にはA社の不動産を除く紛体機械製造業を別会社に分割し、不動産を元々所有するA社をホールディング会社（持株会社）として子会社株式を所有させた方が、不動産を移動させないで済むため登録免許税コストの発生を省けます。事業会社（新しい分割財産承継会社）の商号は、会社分割と同時に商号変更することでそのままA社の商号を使用することももちろん可能です。

納税猶予制度（一般措置）の限度を超える自社株

非上場株式の納税猶予制度の適用を受けられるのは、発行済株式総数の2/3までと上限があります。2/3は、特別決議を行えるまで後継者に株式を承継させるという考えです。この上限を超える株式については、税金を払ってでも後継者に承継させるのか？議決権制限種類株式に変更して非承継者に承継させるのか？あるいは従業員持株会に持たせる等々の検討をすることになります。

不動産の株式化

未利用の土地については、いくら評価額が高くなっていても、非上場株式の納税猶予制度の様な救済制度はありません。しかしその未利用地が、株式に姿を変えたとしたら話は別です。

未利用地3,000坪をホールディング会社（持株会社）へ時価で譲渡し、譲渡所得税及び住民税等（約20％）を納付した残金を、ホールディング会社（持株会社）へ現金出資します。

この時点でX氏が所有していた土地はホールディング会社（持株会社）の株式に姿を変えました。当初の持株もこの土地代金出資で得た株式も同様に納税猶予制度の対象になります。

納税猶予の対象になることの他に副次的な節税効果も期待できます。それは土地譲渡代金を出資して得られる株数は、特に有利な発行をしない限り、出資総額をその株式の時価純資産価額（良い会社であるほど高い株価です）で除して発行されます。ところがその株式が相続評価される時には、事例の場合は類似業種比準価額との併用価額で、場合によっては類似業種比準価額そのもので（安い評価額になることが多い）評価されますから、その差額が相続税の節税効果を生む訳です。「高い株を買い、その株を安い評価で相続する。」とのイメージです。

留意したいのは、個人所有の土地を法人へ譲渡する際に譲渡所得税及び住民税等が発生することです。その支出増と相続税の節税効果を比較してみることは必要です。

経営者以外の所有株式

事例では、オーナー社長Xの妻Yが、20％の株式を所有しています。一般措置では贈与者は経営者と限定されていたので、納税猶予の適用はできませんでした。しかし特例措置では、先代経営者以外の複数の株主からの贈与等による取得も対象にできます。妻Yの所有株20％についても、特例を適用できます。

●評価が下がる資産への組み換え（株式化のイメージ）

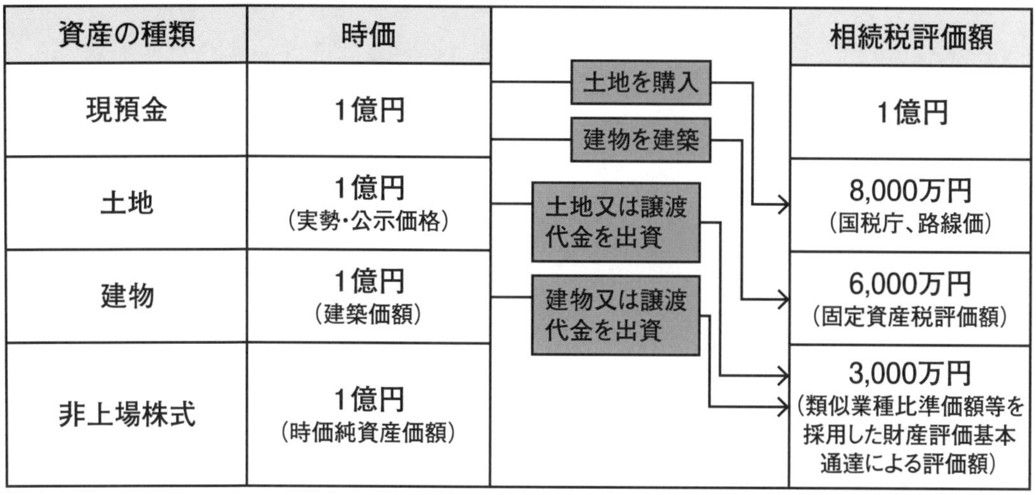

資産の種類	時価		相続税評価額
現預金	1億円	土地を購入 建物を建築	1億円
土地	1億円 （実勢・公示価格）	土地又は譲渡代金を出資	8,000万円 （国税庁、路線価）
建物	1億円 （建築価額）	建物又は譲渡代金を出資	6,000万円 （固定資産税評価額）
非上場株式	1億円 （時価純資産価額）		3,000万円 （類似業種比準価額等を採用した財産評価基本通達による評価額）

●自社株式の評価額を下げるための方法

方法	参照
株価引き下げ対策	第2章6(1)（P101）
従業員持株会の導入	第2章6(2)（P105）
DESの活用	第2章6(3)（P109）
納税猶予制度	第2章6(4)（P113）
持株会社の活用	第2章6(5)（P124）
適格組織再編	第2章6(6)（P127）

6. 納税資金の確保

事　例

Ａ社は創業30年の業務用化粧品の販売会社ですが、10年ほど前から急成長し株式の評価額も業績に連動して上昇しました。社長Ｂが死亡する直前期には、株式の評価額は１株当たり約250万円にもなっていましたが、被相続人Ｂと相続人である妻Ｃ、長男Ｄ、長女Ｅらはそのような認識を持っていませんでした。長男Ｄは会社を承継したいと考えており、被相続人Ｂも生前それを望んでいましたが、相続税申告の段になって多額の相続税が発生することを知りました。被相続人Ｂの遺産は、自宅と現預金で２億円、Ａ社株式の評価額が約20億円となっていました。

配偶者控除を利用しても、納税額は数億円に昇り、金銭一括納付は到底不可能です。

延納や物納についても税理士に相談しましたが、それぞれネックになる問題があり、これらの手段は採用できません。

結局、長男Ｄは、自社株式の相当数を、第三者に売るしか納税資金を賄う方法は無いと決心しましたが、未だ適当な引受先は見つかっていません。

現状認識は円滑な事業承継の第一歩

相続税の申告期限は、相続開始の日から10ヵ月目の応答日です。一家の大黒柱、会社のトップを失った遺族にとってこの10ヵ月は、決して長い期間ではありません。特に後継者にとっては、①社内の従業員の統率、②社外では取引先や銀行が、新経営者の実力を注視しており、場合によっては借入れ条件や取引条件が厳しくなることもあります。③親族内では遺産分割協議と相続税の申告と納税、……と馴れないハードルをいくつも越えなくてはなりません。そんな時に全く準備のない多額の相続税の工面は、本当に大変な仕事です。最悪の場合には、社業の存続すら危ぶまれる事態もあり得ます。後継者の家族のみならず、会社の従業員の家族等も含めた、広い範囲に影響を及ぼす重要な問題です。日ごろから自社株式の評価額や相続税の計算のしくみについて関心を持ち、事前の対策を講じることが望まれます。

自社株式承継の最優先課題は納税資金

相続対策の三本柱は、「節税対策・争族対策・納税資金対策の三つである。」と言われていますが、相続財産のうちに非上場株式がある場合には納税資金対策が一番重要です。なぜなら、市場で売れない株にかかる相続税といえども、原則として「金銭一括納付」しなければならないからです。

自社株式等による資金の捻出法

自社株式等で納税資金を捻出するには、次のようなパターンが考えられます。

①自社株式の売却

M＆Aで会社を手放してしまうことでもない限り、自社株式の売り先は、その発行会社か又はグループ会社等が前提となります。この場合問題となるのは、前者の発行会社へ売る場合（金庫株スキーム）においては、分配可能額の限度内でしか金庫株を取得できないことです。後者のグループ会社への売却については、そのグループ会社の資金余力が重要な鍵になります。

②会社での対応

役員退職金の支給が、まず考えられます。次に、会社から受ける役員報酬や剰余金配当、あるいは報酬や配当を生命保険料等に充当して納税資金をつくる方法も、会社の財務に与える影響がそれほど大きく無いため、優先的に検討すべき手段といえます。

③相続税の例外的納税方法である物納と延納

平成18年度の税制改正で、物納許可基準が大幅に緩和され、非上場株式については、譲渡制限株式以外なら物納が認められやすくなり、選択肢として十分検討に値します。しかし物納して自社株式を国の処分に任せてしまうわけにはいきませんから、いずれは会社か後継者が国から買い取る必要があります。

他方、延納の方は、長年に渡って年賦均等弁済を続けなければなりません。会社の経営には好不況の波がつき物です。分納税額を支払い続けることが困難になることもあり得ますし、高い金利も経費に落とせませんから、こちらはできる限り避けたい手段です。

いずれにしても、自社株式による資金の捻出は、結局、元をたどればその株式の発行会社か又はグループ会社から相続税の納税資金を引き出すことに変わりがありません。つまり自社株式に係る相続税は、会社が解決すべき会社の問題であるという側面も持っています。

相続税の計算のしくみ

納税資金対策がこれほどまでに大変な相続税は、次のように算出されます。

①相続税の対象となる財産（＝課税価格）を把握します。

相続又は遺贈により財産を取得した人ごとに、次の算式の課税価格を計算します。

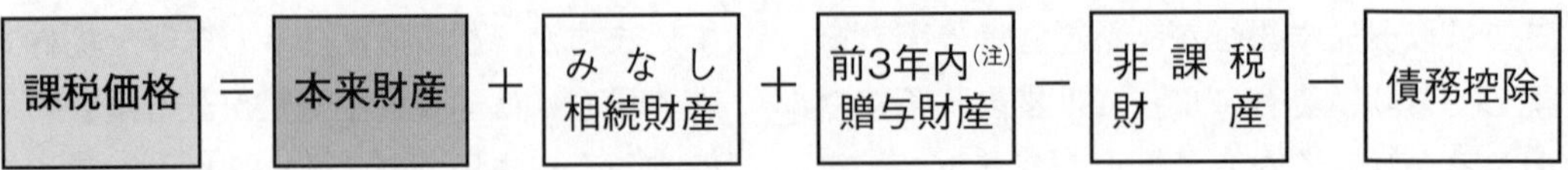

本来財産……………不動産、預貯金、現金、株式など相続税の対象となるあらゆる財産を洗い出します。

みなし相続財産……生命保険の死亡保険金や死亡退職金など、被相続人の所有していた財産ではないけれど相続財産とされるものを加算します。

前３年内(注)贈与財産…相続開始前３年以内(注)の相続人に対する贈与または相続時精算課税制度の対象となった財産があれば加算します。

(注) 令和５年度税制改正により、加算の対象となる贈与の期間が相続開始前「３年」以内から「７年」以内とされ、令和６年１月１日以後に贈与により取得する財産に係る相続税について適用されます。なお、この改正内容は令和5年度税制改正の大綱（令和４年12月23日閣議決定）に基づき記載しています。

非課税財産…………お墓や仏壇、死亡生命保険金や死亡退職金のうちの一定額など、相続税がかからない非課税財産を除きます。

債務控除……………被相続人の借入金や未払金、葬式費用などを差し引きます。

②基礎控除後の課税遺産総額を求めます。

その被相続人から財産を取得したすべての人の課税価格の合計額①から、次の基礎控除額を差し引いて、課税遺産総額を計算します。

基礎控除額 ＝ 3,000万円 ＋ 600万円 × 法定相続人の数

課税遺産総額 ＝ 相続税の対象となる財産（課税価格）の合計額① － 基礎控除額

上記の算式により計算される課税遺産総額がゼロまたはマイナスになる場合は、相続税の申告義務がありません。ただし、小規模宅地の評価減や配偶者軽減など申告することが要件となっている措置の適用を受ける場合は別です。

③課税遺産総額を法定相続分で分けます。

実際に、誰がどれだけの財産を取得するのかを無視して、各人が法定相続分ずつ財産を取得したものと仮定するといくらずつになるのかを計算します。

法定相続分取得価額 ＝ 課税遺産総額 × 各人の法定相続分

④相続税の総額を計算します。

各相続人がそれぞれの法定相続分に応じて取得したと仮定した額③に対する相続税を、次の相続税の速算表に当てはめて計算します。こうして算出した各人ごとの相続税を合計して、その相続に係る「相続税の総額」を計算します。

各相続人の③に対する相続税額 ＝ ③の法定相続分に応じた取得金額 × 税率 － 控除額

相続税の総額 ＝〔各相続人の③に対する相続税額〕の合計額

●相続税の速算表

法定相続人の取得金額	税率	控除額
1千万円以下	10%	0円
1千万円超　3千万円以下	15%	50万円
3千万円超　5千万円以下	20%	200万円
5千万円超　1億円以下	30%	700万円
1億円超　2億円以下	40%	1,700万円
2億円超　3億円以下	45%	2,700万円
3億円超　6億円以下	50%	4,200万円
6億円超	55%	7,200万円

⑤相続人ごとの納付すべき相続税を計算します。

相続税の総額に、その相続人が実際に取得した遺産の割合を乗じて税額を按分します。

$$\text{各相続人の相続税額} = \text{相続税の総額④} \times \frac{\text{各相続人の課税価格}}{\text{課税価格の合計額}}$$

さらに、配偶者税額軽減や贈与税額控除などそれぞれの相続人に応じた各種税額控除を行います。

⑥相続税の加算及び各種税額控除を行います。

ⓐ**2割加算**……遺贈等により相続人以外の人が遺産を取得した場合は、相続税が2割増しになります。

ⓑ**贈与税額控除**……遺産に加算された生前贈与財産について、過去に贈与税を支払った場合には、相続税の前払い分として控除できます。

$$\text{贈与があった年分の贈与税額} \times \frac{\text{生前贈与加算の対象となった贈与財産の価額}}{\text{贈与税の課税価格}} = \text{控除額}$$

ⓒ**配偶者税額軽減**……配偶者が取得した遺産のうち、1億6千万円以下又は法定相続分以下の部分について相続税を軽減するというものです。

次の i と ii のいずれか少ない金額

i　配偶者の算出税額－ⓑの贈与税額控除額

ii　相続税の総額 × $\dfrac{\text{次の（イ）と（ロ）のいずれか少ない金額}}{\text{相続税の課税価格の合計額}}$

（イ）課税価格の合計額×配偶者の法定相続分（1億6千万円に満たないときは1億6千万円）
（ロ）配偶者の課税価格の合計額

ⓓ**未成年者控除**……相続人が満18歳未満の場合には、18歳になるまで１年につき10万円を控除されます。

10万円 ×（18歳－相続開始日の年齢 ）＝ 控除額

ⓔ**障害者控除**……相続人が障害者である場合には、85歳になるまで１年につき10万円（特別障害者の場合は20万円）が控除されます。

10万円または20万円 ×（85歳－相続開始日の年齢 ）＝ 控除額

ⓕ**相次相続控除**……被相続人が今回の相続開始前10年以内に、相続によって財産を取得していた場合には、今回の相続人が負担する相続税から一定金額の控除が行われます。

ⓖ**外国税額控除**……相続、遺贈によって外国に所在する遺産を取得したため、外国で相続税に相当する税金が課された場合には、二重課税排除のため、一定金額が控除されます。

●**納税資金の確保手段**

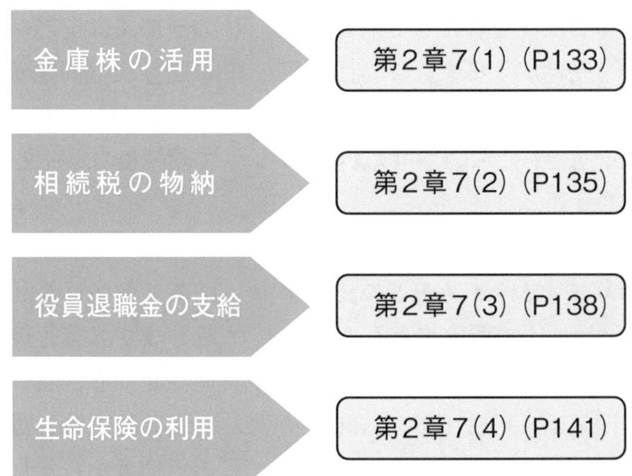

7. 信託を利用した財産承継

事　例

父（X）は、市内にマンション４棟と駐車場３カ所を所有して不動産賃貸業を営んでいます。最近月日や曜日が混濁する様なので、医師の診断を受けたところ、認知症の初期と言われました。所有マンションはどれも築後10年～20年経過しておりこれから大修繕の必要が出て来ます。また父に何かあった場合の相続人は長男の私（A）と外に嫁いだ妹（B）の二人きりですが、まだ相続対策は、緒に就いたばかりです。うちと同じように親が認知症になってしまった先輩が言うには、「症状が進むと契約などは成年後見人無しでは一切何もできなくなる。そこで一度成年後見人をつけると死ぬまで止められず毎年家裁へ報告や、後見人報酬の支払いが発生する。そのうえ後見制度を利用すると生前贈与や相続対策はできなくなる。マンションの修繕など本人のお金を減らす行為もできないだろう。」と脅かされました。

認知症初期サインが出たとは言え、まだ正常な判断も可能な今のうちに、何かしておくべきことはあるのでしょうか？

家族信託の利用

事例の場合には、まだXに意思能力がありますから、Xの財産を信頼できる人、例えばAに信託することで、事例文中で危惧されている問題は解決できます。

X名義の不動産や預貯金などを「信託財産」として、受託者Aに管理・運用を任せ、自分が生きている間は受益者として信託財産から生活費などを受け取ります。この信託契約の終了時点はXの相続開始の時として、通常の相続と同様、AとBに承継させる内容の契約にしておきます。

財産が信託されると、民法上の財産の名義は受託者に変わりますから、もしXの認知症が進んでも、Aは民法上の所有者として適切に資産の管理・処分等を行えます。

気になる税の問題は、平成19年に信託制度の課税関係が整理され、名義（名義人である受託者は預かっているだけ）とは関係なく受益者が信託財産の所有権を持つものとみなして課税が行われますので、上記の信託契約締結時点ではまだXが受益者（税法がみなす財産の所有者）で、Xから別の誰かに税務上の所有権が移転した訳ではありませんから、何らの課税も発生しません。Xの生存中に受益権の一部又は全部の贈与が行われれば、その時に贈与税の問題が発生し、Xの生前に受益権の異動が無ければ、Xが亡くなった時に初めて相続税の課税関係が生じることになります。

倒産隔離機能

信託財産は委託者から受託者へ名義人が移転します。移行後、もし委託者や受益者が倒産等しても、名目上の所有者は受託者ですから信託財産は影響を受けず、委託者や受益者の債権者から差し押さえられる心配はありません。また受託者が倒産等しても、受託者の固有財産とは区別され、受託者の債権者も信託財産を差し押さえることはできません。このように信託が設定されると、信託財産は誰にも属さない財産のようになり、関係者の破産等から守られます。ただし、債務者である委託者が、その債権者を害することを知って行った信託については、この限りではありません。

委任契約制度の限界

委任契約が適正に成立するためには、本人の意思判断の確認が必ず必要になるので、認知症等の進行に対応できません。

成年後見制度の限界

判断能力を失った個人の身上と財産の保全が目的であるため、障害のある家族や浪費癖のある家族の生活を守ることは、入口から対応不可です。そして財産を減らしたり、権利を譲ったりすることも後見人の立場ではできませんから、積極的に家族のために財産を運用したり、贈与などの相続対策も行えません。また判断能力のない相続人の後見人として遺産分割協議に臨む場合は、法定相続分確保が全てに優先するため、協議成立が難しくなる場合も起きています。

限界ではありませんが、家裁への報告義務や、後見人報酬が発生し、本人が亡くなるまで後見制度から離れることができないこともリスクと考えられます。

遺言の限界

遺言でいったん財産の承継先を指定すると、その財産の所有権は完全に承継者のものとなり、その先の二次相続の時の承継先については、せいぜい付言などで希望を伝えるくらいしかできませんが、信託の利用によって事実上相続の順番を決めるという行為も可能になります。

事業・財産承継のツールとしての信託

10人の財産所有者には10通りの財産承継希望がありますが、本人に代わり財産の管理処分を請け負う委任契約や、本人の判断能力低下時の身上保護目的の後見制度、あるいは、本人亡き後の財産承継先を指定する遺言制度だけでは、それぞれの制度の持つ限界のために、本人とその家族のための財産活用や二次相続指定などの柔軟な対応ができません。

しかし信託制度によれば、上記３つの制度のもつ限界を相当程度にフォローできるため、注目されてきています。

●信託を利用した財産承継

信託の活用 → 第2章8（P147）

相続税の税務調査事情

平成27年分の相続税基礎控除40％引き下げにより、相続税の課税割合は全国平均で4.4％から8.0％へ約２倍の上昇、令和３年分は9.3％になりました。大都市圏では課税割合が二ケタに上っています。

1）申告漏れを指摘される財産の約32%は現預金です。

土地	家屋	現預金	有価証券	その他
11.8%	1.9%	32.2%	12.5%	41.6%

（注）「令和３事務年度における相続税の調査等の状況」（令和４年12月国税庁）に基づき筆者が作成

このため、税務調査の大部分は家族名義預金（贈与したつもりだったのに、契約書や贈与申告が無い等の理由で相続財産とみなされてしまう預貯金のこと）や 有価証券の解明に注力されます。

2）調査の手法は

相続税の申告書が提出されますと、税務署では、各支払調書、資料箋、KSKシステムに収められているデータ、金融機関から取り寄せた被相続人及び相続人等の預貯金·有価証券の口座の取引元帳の写しから、家族名義預金等の準備調査を行って調査対象を選定します。

臨宅調査は申告期限後（10ヵ月経過後）、この準備作業を終えて、かつ税務署には７月の異動等も有りますので、３回忌の年の秋ごろが多くなります。事前に電話連絡が入り日程が決まると、場所は被相続人の居宅が原則で、当日はベテランと若い署員の２人組で朝10時頃やって来ます。遺族から被相続人の仕事や趣味、生い立ち、病歴、性格、亡くなる前の様子を質問したり、財産に関した資料の写しを撮るなどの作業を終えて、引き上げて行くのは夕方16時頃です。臨宅調査日数は通常１～２日です。

3）上手な対処法は

ⅰ.相続税の申告書を作成する前に大きな資金移動について調べておく。

ⅱ.生前贈与は、先ず受贈者側がその事実を承知していることと、しっかりと証拠（契約書の作成や贈与税申告など）を残すことが大切です。

ⅲ.贈与した財産は受贈者の管理下に置く。（通帳や印章の在処など）

ⅳ.年間相続申告件数１～３件の税理士と年間相続申告件数数10件以上の税理士では、調査割合と申告漏れ割合に大きい差がでるので、相続に強い税理士を選ぶ。

第2章

事業承継のための対策ポイント

1. 事業承継対策の方向性の見極め

(1) 後継候補者の決定

いつ、誰に、何を、引き継ぐのか

オーナー経営者が事業承継の準備に着手するにあたって、最初に整理しなければならいポイントがあります。それは、「いつ」「誰に」「何を」引き継ぐのかという点です。

このうち「何を」について、事業承継にあたっては会社の『経営権（支配権）』を後継者に渡していく必要があります。経営権の裏付けとなるものは自社株式や事業用資産（本社や工場の土地建物、設備など）ですが、これらの移転には通常、何らかのコストとリスク、課題が伴います。そのため、いかに資金的負担やリスクを最小限に抑えていくかについて後ほど見ていきます。

一方で、自社株式のオーナーになったというだけでは、必ずしもスムーズに事業が承継できるとは限りません。事業はヒトが動かしていくものである以上、従業員や顧客、取引先からの最大限のサポートを得ていかなければなりません。

したがって、目に見える資産だけでなく、経営理念、人脈、関係者からの信頼、技術ノウハウなどの無形資産の承継も進めていくことが、会社の収益力を維持するための基本として重要です。

事業承継の準備開始時期は後継者次第

事業承継は検討・調整すべきことも多く、実行・完了まで多くの時間を要します。「善は急げ」「好機逸すべからず」という言葉もあるように、事業承継の準備に着手するタイミングについて、早くて早すぎることはありません。

ただし、後継者が決まっている場合には、引き継ぎを受ける側である後継者の年齢、体力、周囲の理解などを勘案し、準備期間を逆算して準備にとりかかります。中小企業庁の「事業承継ガイドライン」では、5～10年の期間が事業承継には必要とされています。

少し古い資料になりますが、あるアンケート調査[(注)]によると、事業承継時の現経営者の年齢別に、事業承継のタイミングを聞いたところ、「ちょうど良い時期だった」と回答する割合が最も高い年齢層は、40～49歳でした。

（注）中小企業白書（2013年版）

その中で、「ちょうど良い時期だった」と回答する現経営者の承継時の平均年齢を見ると、43.7歳となっています。実際の経営者交代時の新経営者の平均年齢はと言うと、最近の調査でも49.6歳～55.7歳とされているので（次頁の図表「●経営者交代による経営者年齢の変化」参照）、後継者への事業承継は総じて遅れているようです。

もちろん、ベストのタイミングというものは、企業の置かれた状況によってそれぞれ異なります。先ほどのアンケート調査の記事においても、早い時期に経営を任された後継者の新たな挑戦によって、事業が拡大している企業の事例も紹介されています。

●経営者交代による経営者年齢の変化

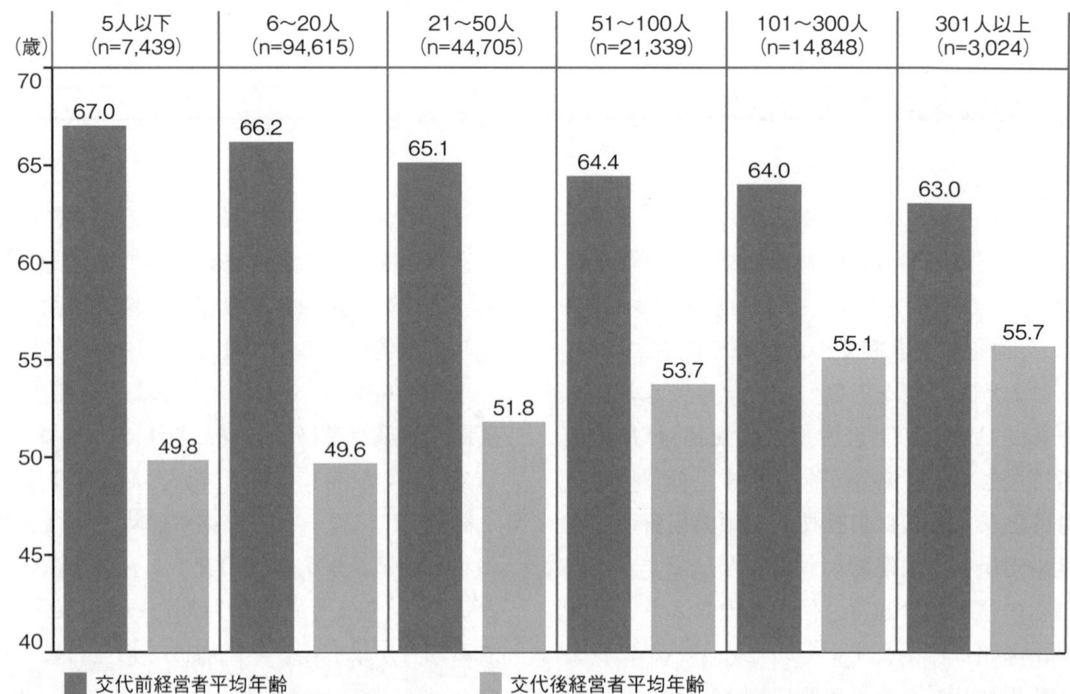

資料：㈱東京商工リサーチ「企業情報ファイル」再編加工
(注) 1. ㈱東京商工リサーチが保有する企業情報のうち、経営者氏名（漢字）、経営者氏名（カナ）、経営者生年月日のうち、二つ以上が前年と変化していた場合に経営者交代とみなしている。
2. 2007年から2019年の間に経営者交代があった中小企業を分析している。
3. 2年続けて経営者交代を行っている場合は分析対象外としている。
4. 「交代前経営者平均年齢」は経営者交代が観察された企業の交代前年の経営者平均年齢、「交代後経営者平均年齢」経営者交代が観察された企業の交代年の経営者平均年齢である。
(出典) 2021年版「中小企業白書」P.Ⅱ-314

引継ぎ先の基本は親族内承継

中小企業の事業承継を考えるとき、一般に馴染みがある基本的な流れは、親から子へというバトンタッチでしょう。子どもや婿、兄弟、甥・姪などの親族に事業を承継することを「親族内承継」といいます。

親族内承継は、現経営者に近い身内の人から後継者を探すため、周囲の関係者からの理解・同意を得やすいと言えます。早めに後継者を決めることが出来れば、時間をかけて事業を承継させるための準備を進めることも出来ますし、計画的に株式や事業用資産の移転を行うことにより、必要な資金負担を予測したり税負担の準備をしたりすることも可能となります。

他方、後継者となる意思も資質もないと思われる人を後継者に指名すると、社内のモチベーションが低下してしまう恐れもあります。また、特定の人に事業関連資産を集中させることとなるため、他の相続人の反発を受けることも懸念されます。

後継者の適性に心配がある場合には、早い段階から後継者として教育を行っていく等の措置が必要です。場合によっては、現オーナーから後継者に移転するべき株式を一部残し、株主として残って経営に目を光らせるということも考えられます。また、後継者以外の人の反発による相続人同士の対立を避けるためには、遺言を残すとともに、遺留分対策、種類株式等の対策が欠かせません。

親族内承継は贈与か相続による移転が基本

自社株式などを親族に承継するための方法は、対価を求めるかどうか、株式が分散しているかどうかによって、その方向性が変わります。

株式が分散している場合には、まずは現経営者によって買い集めが行われ、その後のステップとして後継者への移転方法（贈与、譲渡など）が選択されていきます。

「子どもへの承継」というパターンでは後継者に対して対価を求めないことが多いものと思われますが、そのような場合には「贈与」または「相続（遺贈・死因贈与を含みます。）」によって財産の承継が行われます。贈与の場合には贈与税が、相続の場合には相続税が、財産のもらい手側にかかります。

相続と贈与の決定的な違いは、“いつ”財産を移転するかですが、どちらの方法によるかは、税負担の重さ、納税資金の確保、現経営者の支配権をどこまで手放すことができるか（贈与の場合）を勘案し、決定していくことになります。

そのための手法は、暦年贈与、相続時精算課税、贈与税・相続税の納税猶予制度の利用、持株会の導入、金庫株（自己株式）の活用、生命保険の利用、役員退職金の支給、種類株式の活用、信託の活用など、多岐に渡ります。具体的な内容は各項で解説していますが、最大の効果を発揮するためには、1つではなく複数の手法を組み合わせてプランニングを行うことになります。

オーナーに資金ニーズがある場合には譲渡を選択する

現オーナーの資産背景によっては、老後資金を確保したい、個人借入金を完済したいなど、事業承継を機に自分の保有する自社株式や事業用資産を資金化したいというニーズもあり得ます。

後継者に対して譲渡、すなわち買い取ってもらうことが出来れば、これまで築いてきた財産価値を換金することが出来ます。

ただし、現オーナーには譲渡益に対する課税（所得税・住民税）負担が発生し、後継者は買い取りのための資金を調達することが必要となり、実現に向けたハードルは高いといえます。

したがって、譲渡という方法を選択する場合、持株会社としての資産管理会社を設立して銀行借り入れを行う、ファンドからの資金調達を活用する、といったスキームも検討することになります。

従業員承継

身内に適当な後継者が見つからない場合、有力な選択肢となり得るのが、社内の従業員や役員への承継です。後継者を選定する際にこれまでの優先順位1位は親族ですが、必ずしも希望通りに進む訳ではありません。近年では同族承継の割合は減少傾向にあり、「役員、従業員」の内部昇格へとシフトしつつあるようです。

従業員承継では、役員や従業員が会社のビジネスを良く理解しているため、安心感があり、社内外の理解を得やすいというメリットがあります。

一方で、既存の役員・従業員は、これまでの会社の成長に貢献してきた人たちであるため、現経営者の経営方針を踏襲しがちです。変化する経営環境に柔軟に対応できず、抜本的な経営改善への取り組みが遅れてしまう恐れがあります。

また、オーナーの所有株式の買い取り資金が必要となることや、経営者保証の引き受けをしなければならないなど、後継者にとって

●後継者選定の優先順位

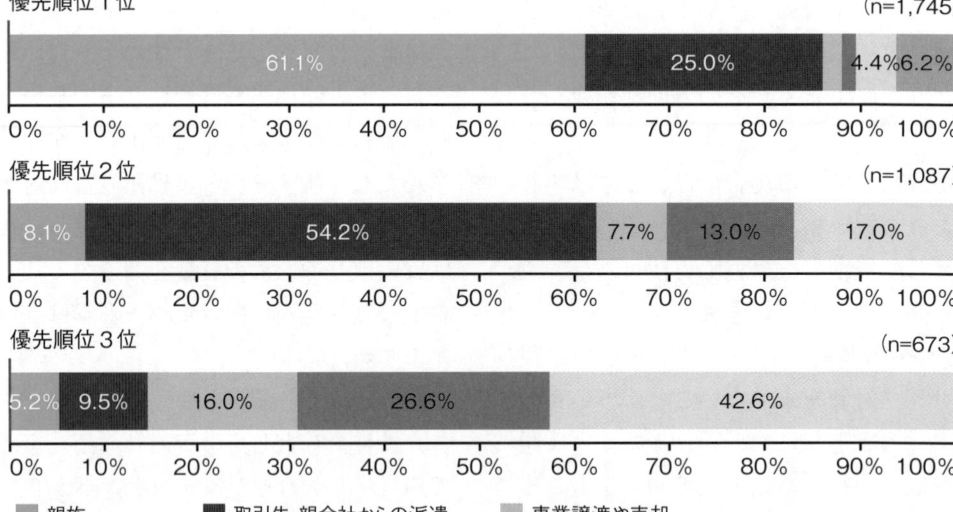

資料：㈱東京商工リサーチ「中小企業の財務・経営及び事業承継に関するアンケート」
（注）1. 事業承継に対する意向について、「事業承継を検討（事業譲渡や売却を含む）」、「事業承継と廃業で迷い」いずれかに回答した者に対する質問。
2. 後継者を選定する際の優先順位について、上位3位までを確認している。
（出典）2021年版「中小企業白書」P.Ⅱ-325

●近年事業承継をした経営者の就任経緯

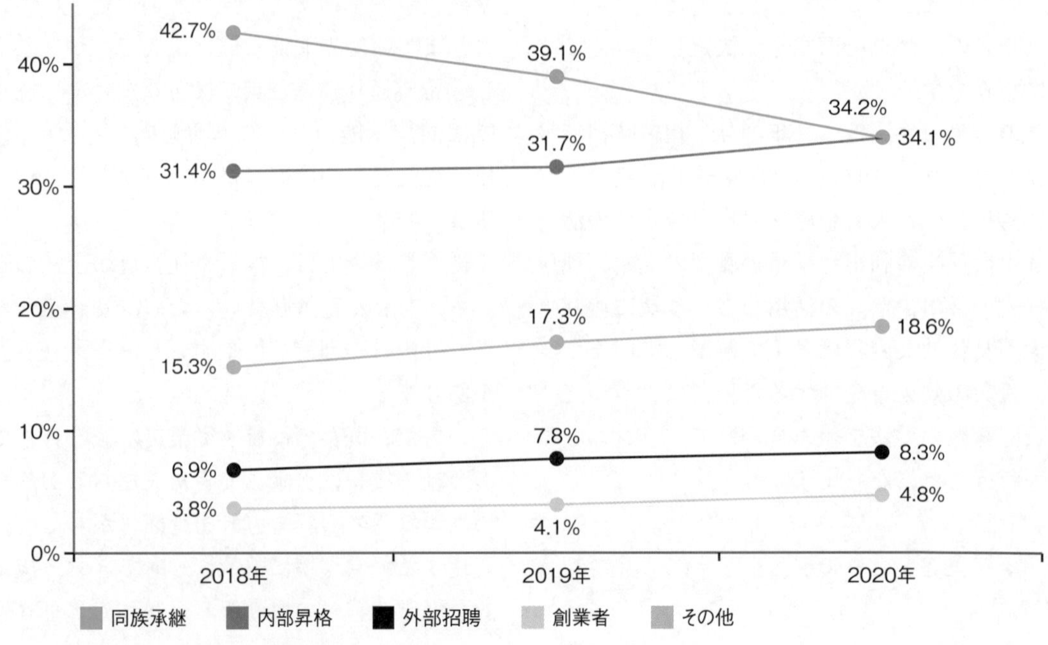

資料：㈱帝国データバンク「全国企業「後継者不在率」動向調査（2020年）」
（注）「その他」は、買収・出向・分社化の合計値。
（出典）2021年版「中小企業白書」P.Ⅱ-317

↑後継者選定にあたって親族承継（同族承継）が過半数ですが、実際の承継は内部昇格の割合が同族承継と並んでいます。

は抵抗感の強い面もあることでしょう。

資金面でのサポートや個人保証の引継ぎ問題の解決が、従業員承継を進めるためのカギとなります。

従業員承継のスキームと課題解決については、MBOの章をご参照ください。

第三者への承継

身内にも社内でも後継者を見つけることが出来ない場合、もう１つの選択肢が社外の第三者への承継です。

承継先は、自社の状況を良く理解している取引金融機関からの紹介や、最近では仲介会社による買い手企業の紹介によるM&Aも増加しています。また、もともと付き合いのある取引先に相談し、トップ同士の話し合いによって自社を買ってもらうというケースもしばしば見られるようです。ただし、第三者への事業売却を検討している情報は、自社の信用不安につながる可能性もあり、情報管理には最大限の注意を払って進める必要があります。

なお、M&Aの詳細については別の章にて改めて見ていきます。

(2)事業承継計画の策定と実行

親族や役員・従業員など誰に（後継候補者)、何を、引き継いでいくかについて方向性が決まったら、そのための課題を解決し、円滑な事業承継を実現するための手法を検討してきます。

事業承継は長期計画で

現経営者が元気ハツラツとしているときに、「事業承継のことを考えるなど時期尚早」というご意見もあるかもしれません。もしくは、「何となくその必要性は感じているけど、今のところ自分は元気だし、事業承継といっても何から始めてよいか分からない」という方もいらっしゃるでしょう。

しかしながら、第１章でご紹介したように、いざ事業承継という時には解決しなければならない困難な問題が数多く発生します。しかも、実際に相続が発生してからでは、故人が直接指示を出せない以上、打つことのできる対策も限定されてきます。

つまり、事業承継対策は経営者が現役の代から入念な準備を行っていくことが大切なのです。しかも、事業承継対策の実行には長期間を要します。早くから準備を始めても早すぎることは決してありません。

ただし、やみくもに対策に着手しても全体的にみて満足のいく効果が得られるとは限りません。大切な時間を無駄にしないために、目標とすべき状態を明確にし、そこに向けた道筋を示すロードマップを策定すること、それが「事業承継計画」です。

現 状 → 目 標 円満な事業承継

事業承継計画により誘導

事業承継のための2つのポイント

事業承継に取り組んでいく上で、その2大目的とでもいうべきポイントは、「後継者への経営権の移譲」と「会社に関わる財産の移転」です。

後継者として会社の経営を引き継いでいくためには、経営方針を決定し、生産や販売、財務、人事を管理していくことが権利として確保されていることが必要です。ただ、その権利は法的な仕組みとして保障されているだけでは十分とは言えません。その権利に実効性を持たせるためには、会社の経営を引き継ぐ後継者は、会社の業務に関する専門知識に加えてリーダーシップや社会性を身に付けていかなければなりません。これらが「経営権の移譲」です。

また、オーナー経営者は会社に関わる財産、すなわち自社株式や事業用資産（不動産等）も移転しなければなりません。これらの財産は相続財産に含まれて相続税の課税対象となります。会社に関わる財産の円滑な移転が行われなければ、会社の事業運営そのものが行い得なくなってしまいます。

日本の中小企業の多くは「所有（株式）」と「経営」とが一致しています。そのため、後継者候補がいる場合には、その人に財産と経営権の両方を集中的に移転するアプローチが基本です。

事業承継の計画策定は共同作業で

事業承継の必要性を誰よりも強く感じ、率先して取り組んでいくのは、多くの場合、おそらくオーナー本人、現経営者であると思われます。しかしながら、事業承継計画の策定は、後継者や周囲の家族も巻き込んで共同で練り上げていく形が望ましいといえます。

なぜなら、会社を引き受けて経営にコミットしていかなければならないのは後継者であるからです。後継者が計画策定の段階から入ることで、会社の事業内容や対処すべき課題をより深く知ってもらうことが出来ますし、相続税や贈与税、所得税の仕組みについても十分に理解し、負担すべき税額についても納得をしてもらわなければなりません。

また、後継者以外の周囲の家族、親族も一緒になることで、いざ事業承継というときにも「寝耳に水」といった混乱や不信感を避けることができ、承継後のサポートも得やすくなります。

事業承継を考えるオーナーは、後継候補者や周囲の家族、親族としっかりと対話をしながら準備を進めていくことが何よりも重要です。

まずは現状把握から

事業承継計画を作成する上で、まず行わなければならないことは現状把握です。

○会社の状況

「会社のことは経営者自身が分かっている」ということでしょうが、会社の経営資源の状況を検討します。具体的には、会社の財務状況、潜在的な強み・弱み、自社や業界の成長性（将来の見込み）に加えて、社員や取引先の状況、とりわけ事業承継への協力姿勢を分析しておきます。

○経営者自身の状況

経営者の年齢や健康状態など、今後会社の経営者としてあり続けることのできる期間を見極めます。

また、経営者自身の保有する財産の洗い出しを行います。特に自社の株式については、価格の見当もつかないという方も多いようです。そのため、概算でも良いのでなるべく早い段階で自社株式を含めた相続財産の試算を行っておきます。そうすることで、現状での相続税の見込み額も把握することができます。

さらに、相続税の納税原資や相続人同士の協力関係の度合なども検討が必要です。

○後継候補の状況

後継者候補の有無を検討します。後継者候補がいる場合、その資質、能力、経営姿勢などを吟味します。

事業承継の方針を固める

現状把握がすんだら、次はいよいよ事業承継方針を立てなければなりません。決定すべきポイントは、いつ、誰に、どのようにして承継させるかという点です。

このうち「いつ」という点については、会社・現経営者・後継者のそれぞれの状況を勘案してしかるべき時期に決定することになりますが、「誰に」が決まれば「どのように」は連動してその方向性が決まってきます。

経営権の移転先	株式の移転先	方法
親族	親族	相続など（世襲）
	外部第三者	株式公開（IPO）
幹部・従業員	親族	内部昇格
	幹部・従業員	MBO、EBO
外部第三者	外部第三者	M&A

このうち、相続による世襲は広く一般に行われており、身内に十分な経営能力を兼ね備えた候補者がいれば、社内・社外の関係者からの納得も得られやすいといえます。

MBOや内部昇格は、身内に適当な後継候補がいないような時に行われることが多く、当事者が会社や業界に精通しているためスムーズに事業の引継ぎを行いやすく、役員・従業員の士気の向上も期待できます。ただし、本人の資力が十分でない場合や、会社の債務に対する個人保証や担保提供を敬遠する場合が考えられます。

M&Aは、そのような問題点を解消して、新しいオーナーと経営者を見つけ出す方法といえますし、現経営者にとっては創業者利得を実現する手っ取り早い方法であるともいえます。ただし、条件が合致する買い手を見つけるのは困難ですし、新経営者による会社の経営が上手くいかない可能性もあります。

事業承継のためのタイムスケジュール

このように事業承継には様々な手法がありますが、それでも全体の６割は親族内承継であるといわれています。親族内での承継が基本方針として示された場合、具体的に行うべき項目としては次のような事項があげられます。

○株式やその他の財産の分配

現経営者が保有する財産は自社株式とそれ以外の財産に大きく分けられますが、そのうち自社株式は安定した経営権の確保のために後継者に集中して分配していくことが望ましいといえます。後継者にとって最低限必要な持株比率や議決権比率は一概に言えませんが、できれば2/3以上、少なくとも過半数は欲しいところです（議決権保有割合別に見た株主の主な権利（P84）をご参照ください）。

また、会社の事業用不動産などの固定資産が個人所有となっていて、会社に賃貸している場合、これも後継者に分配したいところです。

一方、後継者以外の推定相続人への配慮も必要です。将来の生活資金となる場合もあるでしょうし、公平感を保てなければ遺族間のトラブルの原因ともなります。どの財産を誰に分け与えるか、またそもそも分け与えることのできる資産か（換金可能か、分筆可能か）について、あらかじめ検討しておくことが望ましいといえます。各相続人には、民法によって最低限保証された相続財産の取り分である遺留分が与えられていますので、その点に注意が必要です。

後継者やそれ以外の相続人への財産の分配は、生前は主に贈与、その後は相続によって行われます。贈与を行う場合には多額の税金がかかりますし、贈与でも相続でも、同じ財産でもタイミングや対策の有無によって税額も変わります。専門家と相談しながら、最適な方法を選択していくのがよいでしょう。

また、相続時の遺産分割に自らの意思をより確実に反映させるためには、遺言書を作成しておくことも選択肢となります。

○後継者教育

後継者が自らの力で会社を維持・成長させて円滑な事業承継を図っていくためには、後継者教育は欠かせません。中小企業庁が2017年４月に策定した「事業承継マニュアル」においても、次期経営者に対する後継者教育の重要性が示されています。その中で、経営者が後継者を決定する上で重視した資質・能力についての調査が行われていますが、これによると、やはり「自社の事業に関する専門知識」や「自社の事業に関する実務経験」といった自社の事業への理解が強く求められています。ただし、最も重視した資質・能力はというと「経営に対する意欲・覚悟」とされており、実務スキル以上に心構えに重点が置かれているようです。

具体的な後継者教育としては、会社の状況によって様々であるものの、会社の属する業界の専門知識の勉強のみならず経営手法の習得、諸方面への人脈形成なども含まれます。社内では定期的に各部署をローテーションして全体の業務を把握すること、社外では他社への勤務、セミナーへの出席等が考えられます。

また、親族内か親族外かといった事業承継の形態によっても、有効な後継者教育の内容は変わってくるといえます。

○関係者の理解の獲得

いくら社長が後継者を指名して財産をその人に移転しても、周囲の人がそれに納得して協力してくれなければ事業承継は上手く進みません。

社内の経営幹部や従業員、取引先に対して早めに地ならしをしておくことが大切です。

スケジュール化と「想い」の承継

ここまでの事項は、大きな方針を決めてから数ヵ月や１年で完了できるものではありません。それぞれの目的に応じて行うべき手段・手続きの実施時期をスケジュール化していき、これを事業承継計画表としてまとめます。

後は、計画表に従って粛々と対応手続を実行に移していくのですが、その際に陥りがちなのが、自社株式や事業用資産の移転だけに気が行ってしまうことです。

計画表は、あくまで単なる「ハコ」に過ぎません。その実行の過程で、経営者の想い、会社の理念、信条を次の世代にしっかりと伝えていくことで、本当の意味で事業承継の完成といえるでしょう。

●事業承継の形態別、最も有効だった後継者教育の内容

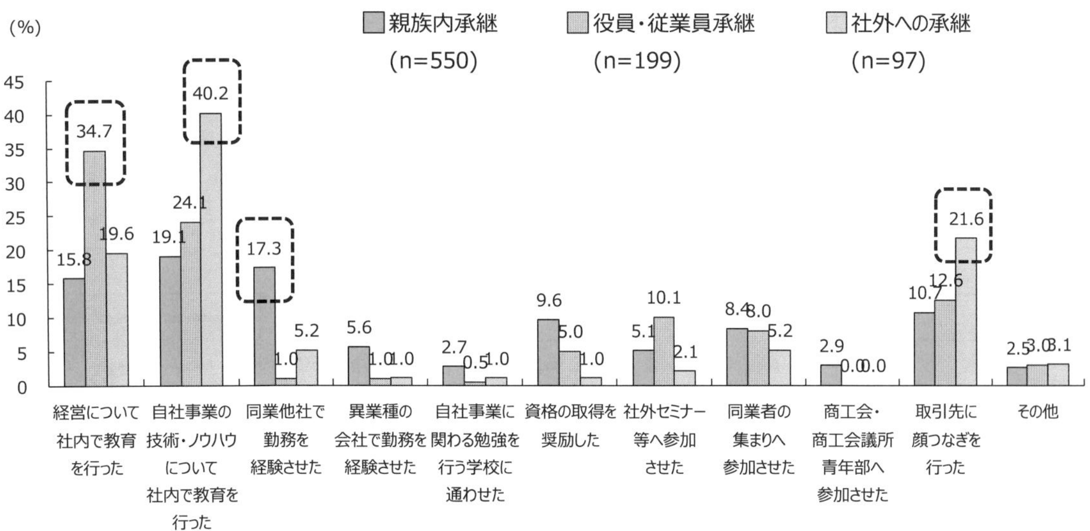

資料：みずほ情報総研㈱「中小企業・小規模事業者の次世代への承継及び経営者の引退に関する調査」（2018年12月）
（注）引退後の事業継続について「事業の全部が継続している」、「事業の一部が継続している」と回答し、かつ、意識的な後継者教育の有無について「行った」と回答した者について集計している。
（出典）2019年版「中小企業白書」P94

●事業承継計画のイメージ例

項目		現在	1年目	2年目	3年目	4年目	5年目	6年目	7年目	8年目	9年目	10年目
会社の状況												
現経営者		60歳					65歳					70歳
	役職	社長	→	→	→	→	→	→	会長	→	→	相談役
	持株比率	90%	→	80%	‐‐→	‐‐→	‐‐→	‐‐→	30%	→	→	20%
									黄金株			
	財産の分配		自社株式・その他の財産を段階的に移転									
				遺言書								
後継者		30歳					35歳					40歳
	役職	従業員	→	取締役	→	→	専務	→	社長	→	→	→
	持株比率	0%	→	10%	‐‐→	‐‐→	‐‐→	‐‐→	60%	→	→	70%
	教育（社内）		内外教育・定期的な部署異動・権限移譲									
	教育（社外）											
関係者の理解			親族説明	社内発表		役員刷新	金融機関に紹介					

計画は見直しが当たり前

策定した計画が完璧なものに見えても、会社を取り巻く状況はどんどん変わっていきます。

例えば、経営者の健康状態に不安があり、後継者へのバトンタッチを早めたいというケースもあるでしょう。逆に、後継者が思うように育たないとか、新たに有力な後継候補者が出現したといった理由により、承継時期を延期したい、という場合もあるかも知れません。

事業承継計画の前提が変わるのはむしろ自然なことです。当初計画に拘泥することなく、常に「会社や周囲にとってベストな選択が何か」という観点で、臨機応変、柔軟に計画を修正していくべきであるといえます。

2. 事業承継に向けた課題の解消

(1)種類株式の活用

事業承継の方法を検討していくと、「現経営者の影響力を残したい」「子どもたちは平等なので、後継者以外にも少しは株を残してあげたい」など、様々な願い（課題）が出てきます。これらを解決するための対応策の１つとして、種類株式の活用があります。

種類株式とは何か

通常、株式会社が発行する株式は、権利内容に限定も違いもない１種類の株式だけで、「普通株式」と呼ばれています。普通株式には、会社の経営に参加するための株主総会での議決権、配当を受ける権利、など様々な権利が認められています。

しかしながら、株式に対して求める価値は、株主全員が同じであるとは限りません。会社への支配力を保つために議決権に強くこだわる株主がいれば、配当は欲しいが会社の経営には関心がない株主もいる可能性があります。

会社法では、会社が定款で定めることにより、剰余金の配当などについて権利内容の異なる２以上の種類の株式を発行することが認められています。これを「種類株式」といいます。

種類株式の種類

○概要

会社法においては本来、それぞれの株主は保有する株式数に応じた権利が平等に認められることが原則です。種類株式は、この株主平等の原則の例外として発行される株式であり、以下の９つの種類の発行が認められています。

なお、種類株式を発行していなかった会社が新たに種類株式を発行する場合や、種類株式発行会社が新たな種類株式を追加する場合には、定款変更が必要となりますが、この手続きは株主総会の特別決議（議決権の過半数を有する株主が出席し、出席した株主の議決権の３分の２以上の賛成で可決）で行うことが可能です。ただし、既存の株式の一部を別の種類株主に変更する場合は、全株主の同意が必要となるため、注意が必要です。

○譲渡制限種類株式

譲渡による株式の取得について、会社の承認を要することを定めた種類株式をいいます。

たとえば、議決権を有する普通株式については譲渡制限を付し、議決権のない配当優先株式は譲渡制限を設けないというような株式設計が可能となります。

なお、すべての株式に譲渡制限を付している会社は株式譲渡制限会社、一部又は全部の株式について譲渡制限が設けられていない会社は公開会社と呼ばれています。

○取得請求権付種類株式

株主が会社に対してその株式を買い取るよう請求することができる株式をいいます。

株主側に買取請求のオプションが与えられていることが特徴で、たとえば上場準備会社が金融機関やＶＣ（ベンチャーキャピタル）に対して発行する際の株式形態としての活用が考えられます。

○取得条項付種類株式

会社が一定の事由が生じたことを条件として、（株主の同意なしに）その株式を取得することができる株式をいいます。一定の事由には、定められた日時の到来等をその条件とすることも可能です。

取得条項付種類株式は会社に買取りオプションが与えられている点で、取得請求権付種類株式とは異なります。

○剰余金の配当・残余財産の分配についての種類株式（優先株式、劣後株式）

配当や残余財産の分配に関する地位の優劣を定めた株式をいいます。他の株式より優越的な地位が認められるものが優先株式、劣後的な地位に置かれるものが劣後株式と呼ばれます。

最近では企業再生スキーム等において、債権者が債権を株式化（DES）する際に発行する株式を優先株式とするケースが多くみられます。

○議決権制限株式

株主総会の全部又は一部について議決権を行使することができない株式をいいます。

議決権制限株式の発行総数に制限が設けられる場合があり、公開会社については、議決権制限株式の総数は、発行済み株式総数の1/2を超えることはできません。

○全部取得条項付種類株式

会社が株主総会の特別決議によりその全部を取得することができる株式のことをいいます。

取得条項付種類株式は会社が請求できる場合について「一定の事由」という条件を設けているのに対し、全部取得条項付種類株式については、そのような事由に関係なく、株主総会特別決議の承認のみで取得できる点で異なります。

全部取得条項付種類株式では、株主全員の同意がなくても、株主総会の特別決議のみで買取りを実行できるため、少数株主を排除するための手段として使われる場合もあります。

全部取得条項付種類株式についての定款の定めを行うためには、株主総会の特別決議等が必要となります。

○拒否権付種類株式

いわゆる「黄金株」で、株主総会決議事項のうち、株主総会の決議のほかに、当該種類の株式の種類株主により構成される種類株主総会の決議を要する旨の定めが設けられている種類株式をいいます。

拒否権付種類株式を発行するにあたっては、定款で①当該種類株主総会の決議があることを必要とする事項、②当該種類株主総会の決議を必要とする条件を定めるときはその条件を定める必要があります。

取締役の選任、解任、合併、事業譲渡等の重要事項を拒否権の対象とすれば、拒否権付種類株主の承認がなければ、これらの重要事項の決定はできないことになります。

○取締役・監査役の選解任についての種類株式

その種類の株主総会における取締役又は監査役の選任に関する事項について内容の異なる種類の株式がある場合の当該株式をいいます。この種類株式は、公開会社以外の会社（譲渡制限会社）で、指名委員会等設置会社でない会社について認められています。

取締役・監査役の選解任について内容の異なる種類株式を発行するときは、定款で選任する取締役又は監査役の数を定めます。

事業承継への活用

○いかにして経営権を維持するか

事業承継、とりわけ親族内承継においては、後継者に対する自社株式の移転と経営支配権の移譲がポイントとなります。通常は後継者に自社株式の大半を集中して相続（贈与）させ、これによって後継者は議決権の大半を押さえることが出来ることから、結果的に経営支配権も移転するというアプローチが取られます。

しかしながらこのようなアプローチでは、先代経営者の主たる財産が自社株式であるような場合、自社株式の価値に対応する納税資金の確保や、目ぼしい財産の分配がなされない他の相続人の遺留分への対応が課題となります。

○議決権制限株式の活用

これらの問題は実は、すべての株式に議決権が付与されていることが原因となっています。この点について、会社法では、複数の様々な種類株式を発行する余地が与えられており、株式の承継と経営支配権の承継の問題とは必ずしもイコールではなくなっているため、柔軟な事業承継対策を行うことが可能となっています。

たとえば議決権制限株式は、株主総会決議事項の全部又は一部について議決権を行使することができない株式ですが、公開会社以外の会社（譲渡制限会社）においては、発行済み株式のうち議決権制限株式と出来る株式数に制限はありません。

●議決権制限株式の発行枠

	議決権制限株式の発行枠
株式の譲渡制限なし（公開会社）	発行済み株式総数の1/2以下
株式の譲渡制限あり	制限なし

極端な例として、評価額10億円の会社の発行済み株式の10%のみ議決権を付与し、残り90%の株式を無議決権とすれば、後継者は1億円の株式（議決権付）の引き継ぎで、議決権比率100%の経営支配権を承継できます。

その際、残りの90%の無議決権株式に配当優先権を付与しておけば、後継者以外の株主は、議決権はないものの配当を得ることができるため、他の相続人にも納得してもらいやすくなります。

ただし、配当優先株式を発行した以降は、毎年の配当金の支払い負担が増加することとなるため、発行条件については事前に十分に検討をしておく必要があります。

相続人	株式数	議決権	評価額	コメント
配偶者	500株	0%	5億円	配当優先無議決権
長　男	100株	100%	1億円	議決権付
長　女	200株	0%	2億円	配当優先無議決権
次　女	200株	0%	2億円	配当優先無議決権
計	1,000株	100%	10億円	

（※）各人の評価額は全体評価額に対する持分額で、相続税評価額とは異なります。

◯黄金株の活用

黄金株（拒否権付株式）は、株主総会決議事項のうち、株主総会の決議のほかに、当該種類の株式の種類株主により構成される種類株主総会の決議を要する旨の定めが設けられている種類株式をいいます。すなわち、黄金株には、一定の重要事項について拒否権が与えられているということができます。

事業承継を進めている段階において、たとえば後継者の株式の一部を黄金株としておけば、本人の持株比率に関係なく、重要事項は後継者の承諾がなければ進めることが出来なくなります。後継者への移転分が少ないうちから一定の支配力を後継者に持たすことが出来るという点で、納税負担や資金負担の問題で一気に株式の贈与を進めることが出来ないようなときに有効です。

反対に、現経営者が健在のうちに後継者に保有株式の大部分を生前贈与又は譲渡した場合には、後継者の後見人として先代に拒否権付株式を保有してもらうことも、経営の安定化に役立つものと考えられます。すなわち、万一後継者が誤った判断を行ってしまった場合でも、黄金株による拒否権を行使することで、これにブレーキをかけることができます。

なお、後継者以外の者が拒否権付き株式を取得した場合、その株主が重要事項の拒否権を握ることにより、事業運営が不安定となる可能性があります。そのため、拒否権付株式を発行するにあたっては、譲渡制限を付しておくなどの対策も必要です。同様に、現経営者の相続時にも、黄金株が後継者以外の相続人に渡ることのないよう、予め対応策[注]を講じておくべきであると言えます。

（注）公正証書遺言などの遺言書を作成し、黄金株の取得者を後継者に指定しておく等

◯属人的株式の活用

事業承継は計画通りに進むケースばかりではありません。例えば、納税資金が確保できないため後継者への株式移転が進んでいない中で現経営者が急逝するなど、事業承継が予期せぬタイミングで突然発生するようなことも考えられます。そのようなケースでは、後継者の持株比率が十分でない状態で、現経営者の保有している残りの株式が後継者以外の相続人に渡ってしまうことになってしまいます。

そのようなリスクへの備えとして活用可能な手段の１つが「属人的株式」です。

会社法では、非公開会社（発行するすべての株式について譲渡制限が付いている会社）に限り、株主の特定の権利内容について、株主ごとに異なる取扱いを行う旨を定款で定めることができるものとされています。これを属人的株式といい、具体的な権利内容としては、①剰余金の配当を受ける権利、②残余財産の分配を受ける権利、③株主総会における議決権の３つについて例外的取扱いが認められています。

類似の仕組みに種類株式がありますが、種類株式は、その株式を保有している株主であれば、どの株主でも定められた権利が認められるのに対し、属人的株式は、「特定の株主」に対してのみ、一定の権利が与えられるという違いがあります。例えば、現代表者の保有株式に株主総会における拒否権を付けた場合、その株式を他の人が取得しても、その人は拒否権を得ることは出来ません。

また、属人的株式は種類株式と異なり、登記は不要とされています。定款で属人的株式に関する定めを設けたとしても、外部の第三者にはその内容を把握されにくいという点も重要なポイントです。

●種類株式と属人的株式

	種類株式	属人的株式
株主の権利	株式を保有している株主に与えられる	特定の“ヒト”（＝株主）に対して与えられる
定款への記載	必要	必要
登記	必要	不要

事業承継対策としては、例えば後継者が所有する株式についてのみ、１株について10個の議決権を設定することにより、持株比率が低い段階から後継者に議決権を集めることが可能となります。

属人的株式の設定には定款の変更が必要となりますが、定めの内容によっては他の株主の権利内容に重大な影響を及ぼすことも考えられます。そのため、定款の変更にあたっては普通決議や特別決議よりも重い、特殊決議（注）によることが求められています。したがって、制度を導入するのであれば、現経営者がリードすることの出来るうちに進めることが望まれます。

（注）総株主の半数以上、かつ総株主の議決権の４分の３以上

なお、属人的株式は事業承継対策上、有効な手段の１つではありますが、その権利内容によっては株主平等原則と相反することも考えられます。そのため、実際の導入にあたっては他の株主全員の同意を得るなど、慎重に進めるべきであるといえます。

種類株式の評価

種類株式は普通株式と権利内容が異なるため、相続財産を計算する上での評価額も異なってくる可能性があります。この点、税法では必ずしもその評価方法は明確ではありませんでしたが、事業承継で比較的多く利用が想定される３つの種類株式について、国税庁によりその評価方法が明らかにされています。

ただし、これらはあくまで税務上の評価であり、遺産分割や遺留分の評価とは必ずしも等しいものとはいえないことに留意が必要です。

株式の種類	相続税法上の評価方法
配当優先の無議決権株式	［原則］普通株式と同様 ［例外］相続、遺贈において取得した同族株主全員の同意がある場合、普通株式の評価額から５％の評価減が可能（※１）
社債類似株式（※２）	社債に準じて評価（発行価額と配当に基づき評価）
拒否権付株式	普通株式と同様に評価（拒否権は考慮せず）

（※１）減額した分は、議決権のある株式の価額に加算されます。
（※２）社債類似株式とは、一定期間後に償還される特定の配当優先型無議決権株式をいいます。

(2)経営者保証

経営者保証が事業承継の足かせに

これまで、中小企業が金融機関から事業用資金や設備資金の融資を受ける際には、代表者（経営者）が会社の借入に対する連帯保証人となることが求められることが一般的でした。企業が万一、資金繰りが行き詰って返済が出来なくなった場合には、経営者個人が保証債務の履行、すなわち代わりに返済することが求められることになります。これを経営者保証（個人保証）といいます。

経営者保証は、企業が資金を必要とする時に資金調達をし易くなるというメリットがあり、無秩序な借入を抑制するという効果もあります。一方で、経営者による思い切った事業展開や早期の事業再生、円滑な事業承継を妨げる要因となっているという指摘(注1)もあります。

特に事業承継においては、後継者不足が深刻化する中、事業の担い手が引き受けを躊躇する原因の1つともなっており、連帯保証の引継ぎが大きな足かせとなっています。

（注1）中小企業庁（2022年9月）「事例で見る経営者保証の解除」

経営者保証に関するガイドライン

こうした問題は国も認識していて、2014年2月からは「経営者保証に関するガイドライン」の適用が始まり、経営者保証なしでも融資を受けられる道が示されています。

このガイドラインは、日本商工会議所と一般社団法人全国銀行協会が金融庁・中小企業庁と一体となってまとめたもので、融資の際に経営者保証が不要な条件を明らかにするとともに、早期に事業再生や廃業を決断した場合は経営者に一定の生活費を残し「華美でない自宅」に住み続けられる可能性などを示したものです。新規融資はもとより既契約の融資についても、融資条件の見直しや借り換えなどの際に考慮されることになります。

このガイドラインに法的な拘束力はありませんが、「中小企業、経営者、金融機関共通の自主的なルール」と位置付けられており、それら関係者が自発的に尊重し、遵守することが期待されているため(注2)、後継者としては個人保証を求められにくくなったといえます。

（注2）政府広報オンラインより

ガイドラインで中小企業に求められる経営状況

ガイドラインでは、下記のような経営状況であれば、中小企業は経営者保証なしでも融資を受けられる可能性があります。

① 法人と経営者の関係が明確に区分・分離されていること
➡役員報酬・賞与・配当、オーナーへの貸付など、法人と経営者の間の資金のやりとりを、「社会通念上適切な範囲」を超えないようにする体制を整備・運用していること等

② 財務基盤の強化が図られていること
➡財務状況や業績の改善を通じた返済能力の向上に取り組み、信用力を強化すること

③ 経営の透明性が確保されていること
➡自社の財務状況を正確に把握し、金融機関などからの情報開示要請に応じて、その状況を正確かつ丁寧に説明するとともに、状況が変化した場合には適時に情報開示すること等

ガイドラインは事業承継にも

また、「ガイドライン」の対象には、新規融資のほかに、既に結んである経営者保証の契約を見直す際の対応も含まれています。

この点、事業承継に関しては、①貸し手である金融機関からの情報開示の要請に対して、適時適切に対応すること、②経営者の交代により、経営方針や事業計画などに変更が生じる場合には、その点について「誠実かつ丁寧に」金融機関に説明すること等が、企業側に求められており、事業承継時の経営者保証の見直しも一定の配慮がなされています。

しかしながら、事業承継に際しては、経営者保証を理由に後継候補者が承継を拒否するケースもまだまだあると言われています。

そこで、2019年12月には、事業承継に焦点を当てた「経営者保証に関するガイドライン」の特則が公表されました。この特則は、従来のガイドラインを補完するものとして、事業承継時の経営者保証の取扱いについての具体的な着眼点や対応手法などが定められています。

●経営者保証ガイドラインの特則のポイント

① **前経営者、後継者の双方からの二重徴求の原則禁止**

② **後継者との保証契約は、事業承継の阻害要因となり得ることを考慮し、柔軟に判断**

③ **前経営者との保証契約の適切な見直し**

④ **金融機関における内部規定等の整備や職員への周知徹底による債務者への具体的な説明の必要性**

⑤ **事業承継を控える事業者におけるガイドライン要件の充足に向けた主体的な取組みの必要性**

経営者保証改革プログラムによる加速化の動き

経営者保証ガイドラインは、既に多くの金融機関がこれに則した対応を始めていますが、2021年度の実績を見ると、新規融資に占める経営者保証を付けない件数は民間金融機関全体で３割にとどまっており、経営者保証に依存しない融資への取り組みはまだまだ途上にあると言えます。

そこで経済産業省・金融庁・財務省は2022年12月、経営者保証に依存しない融資慣行の確立を加速させるため、①スタートアップ・創業、②民間金融機関による融資、③信用保証付融資、④中小企業のガバナンスの４分野を重点ターゲットに「経営者保証改革プログラム」を策定しました。これを受けて金融庁は、融資側の民間金融機関向け監督指針を改正し、保証を徴求する際の手続きを厳格化することで、安易な個人保証に依存した融資を抑制するとともに、事業者・保証人の納得感を向上させることとしています。改正指針は2023年４月から適用され、金融機関は保証の必要性など理由を具体的に説明しない限り経営者保証を要求できなくなるため、経営者保証が実質的に制限されることになります。

(3) 事業承継のための融資・保証制度

事業承継にあたって、経営者保証と並んで引継ぎ側の負担となるのが、多額の資金が必要となる場合です。

●事業承継の際の主な資金ニーズ

- 分散した自社株式や事業用資産の買取り資金（主に親族内承継）
- 役員や従業員による、自社株式や事業用資産の買取り資金（主に親族外承継）
- 自社株式や事業用資産を相続で取得した場合の納税資金【相続税】
- 自社株式や事業用資産を贈与で取得した場合の納税資金【贈与税】
- 仕入先や取引金融機関の与信変更で、支払い条件が変更となった場合の運転資金

事業承継ローン

会社や、後継者である個人が資金を必要とする場合に、政府系金融機関や民間金融機関では事業承継のためのローン制度が用意されています。

例えば、日本政策金融公庫では「事業承継・集約・活性化支援資金」という融資制度があり、様々な条件があるものの、条件を満たせば低利での融資を受けることが出来ます。

●事業承継・集約・活性化支援資金の概要（中小企業事業の場合）

融資が受けられる場合	• 会社又は個人事業主が、後継者不在などにより事業継続が困難となっている会社から、事業や株式の譲渡などにより事業を承継する場合。 • 会社が株主から自社株式や事業用資産を買い取る場合。 • 後継者である個人事業主が、事業用資産を買い取る場合。 • 経営承継円滑化法に基づく認定を受けた会社の代表者個人が、自社株式や事業用資産の買い取りや、相続税や贈与税の納税などを行う場合。
融資限度額	７億２千万円
融資利率（注）	通常1.08%の基準利率が適用されるところ、0.6%～0.7%の特別利率（融資期間５年以内、2023年２月現在）
返済期間	設備資金：20年以内（うち据置期間２年以内） 運転資金：原則として７年以内（うち据置期間２年以内）

（注）標準的な貸付利率の場合。適用利率は、信用リスク（担保の有無を含む）等に応じて所定の利率が適用されます。

信用保証

経営承継円滑化法に基づく認定を前提に、会社や個人が、事業承継に関する資金を金融機関から借り入れる場合には、信用保証協会の通常の保証枠とは別枠（注）が用意されています。

通常枠	別枠
普通保険（２億円）	＋２億円
無担保保険（8,000万円）	＋8,000万円
特別小口保険（2,000万円）	＋2,000万円

（注）会社の代表者、事業を営んでいない個人には、本特例により通常の保証枠が用意されます。

(4)事業承継・引継ぎ支援センター

このように、事業承継に向けて解消すべき課題に対しては様々な支援制度が設けられているものの、制度の数や種類も多く、改正も頻繁に行われているため、当事者自らが全てにキャッチアップしていくことは困難です。

そこで国は、事業承継に関する幅広い相談に、より柔軟に対応するため、「事業承継・引継ぎ支援センター」という公的な相談窓口を2021年から設けています。

この窓口は、これまで第三者承継支援を行っていた「事業引継ぎ支援センター」に、親族内承継支援を行っていた「事業承継ネットワーク」の機能を統合し、事業承継・引継ぎのワンストップ支援を行う仕組みとするために中小企業庁が整備したもので、親族内への承継も、第三者への引継ぎも、中小企業の事業承継に関するあらゆる相談に対応していくことを目指しています。

具体的には、各都道府県において、以下のような支援を無料で実施しています。

① 事業承継・引継ぎ（親族内・第三者）に関する御相談
② 事業承継診断による事業承継・引継ぎに向けた課題の抽出
③ 事業承継を進めるための事業承継計画の策定
④ 事業引継ぎにおける譲受／譲渡企業を見つけるためのマッチング支援
⑤ 経営者保証解除に向けた専門家支援

など

3. 親族外承継という選択肢

(1)誰に、継がせるのか

深刻化する後継者不在

どれだけ業績や財務内容の素晴らしい会社であっても、事業承継計画のプランニングに当たって最初に整理しなければならないことが、当たり前ですが、「そもそも『誰に』事業を引き継がせるのか」という点です。

総務省が2022年５月に公表した「令和３年経済センサス」(速報集計)によると、2021年６月１日現在における企業等(個人事業所を含む)の数は、367万４千企業となっています。2012年の調査では412万８千企業あったことから、約10年の間に約11%の減少、純数で見て(新規設立分を差し引いても)１年間で実に５万以上もの企業が減少していることになります。

その背景の一つに経営者の高齢化があります。経済産業省が2017年10月に出した試算によると、2025年には70歳を超える中小企業・小規模事業者の経営者は約245万人となり、このうち約半数の127万人について後継者が決まっていない可能性があると予想されています。これは、日本企業全体の約３割にのぼる割合です。

また、2022年の休廃業・解散した企業の数をみると４万９千件(注)あります。前年(2021年)は一時的に減少していたものの、コロナ禍での給付金・協力金や実質無利子・無担保融資(ゼロ・ゼロ融資)などの各種支援策もあったことで判断を先送りしてきた企業が決断を迫られ始めた可能性があります。これは、倒産件数(６千件超)と比べても７倍以上となっており、黒字のまま廃業した企業も半数以上を占めると見られることから、あえて廃業を選ぶケースが多いことが伺えます。

(注) 東京商工リサーチ(TSR)調査

休廃業した企業の代表者の平均年齢も71.6歳とされており、足下では黒字を維持しながらも、経営者の年齢上昇とともに、事業承継のための後継者を見つけることが出来ないまま廃業以外の選択肢を失っているという可能性もありそうです。

つまり、事業承継対策においては、「相続(税)対策」ばかりではなく、「後継者対策」も切実な問題となっているのです。

●中小企業・小規模事業者の経営者の2025年における年齢

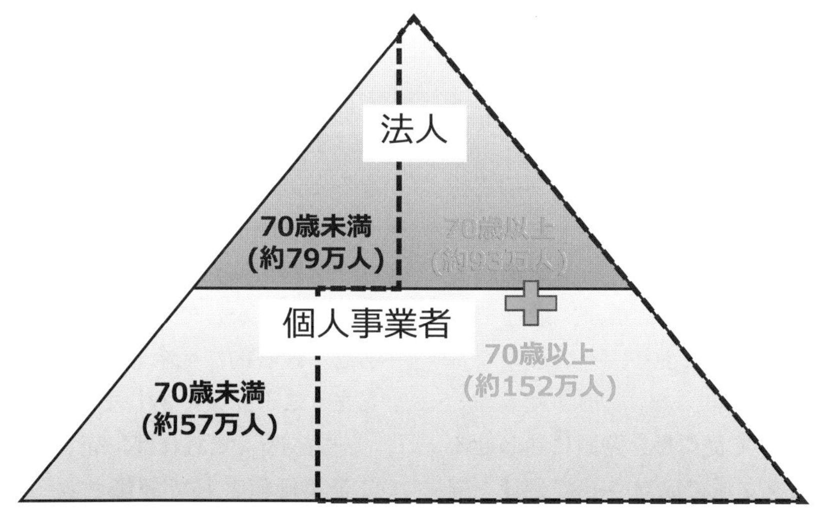

資料：平成28年度総務省「個人企業経済調査」、平成28年度 ㈱帝国データバンクの企業概要ファイルから推計。
(出典) 経済産業省「中小企業・小規模事業者の生産性向上について」平成29年10月　P6

増加する親族外承継

後継者候補が不在の場合、廃業だけが選択肢ではありません。下図の調査資料のように、事業承継が行われた会社における先代と現経営者との関係をみると、経営者の在任期間35年以上の企業では親族への承継が９割超を占めていましたが、在任期間５年未満ではその比率が急減し、従業員や社外の第三者といった親族以外への承継が６割超となっています。

親族外承継が行われる際、経営権とともに株式などの会社にかかる財産も承継されるパターンの代表格はM&Aですが、このように今ではM&Aは事業承継の主要な選択肢となりつつあるのです。

●経営者の在任期間別の現経営者と先代経営者との関係

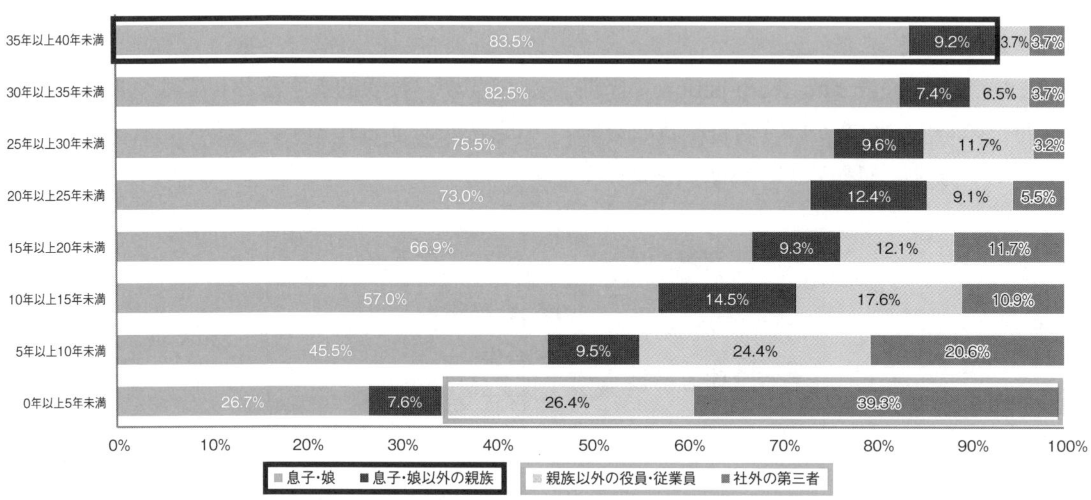

(出典) 中小企業庁委託「中小企業の資金調達に関する調査」(2015年12月、みずほ総合研究所 (株)) (再編・加工)
(中小企業庁「事業承継に関する現状と課題について」(平成28年11月28日) P3より)

(2) M&A

M&A数の増加の背景

ではなぜ、後継者が不在の会社は廃業ではなくM&Aを選択するのでしょうか。

まず考えられるのが、会社の存続への責任感です。以前はM&Aというと、「会社を手放す」=「身売り」というイメージがあって敬遠される傾向にありましたが、最近ではM&Aに対する理解が深まり、そのような背徳感は薄れています。

むしろ、廃業して従業員を路頭に迷わせるよりも、M&Aを立派に成立させて会社を継続させることの方が「経営者としての責任をまっとうした」とされるようになっています。

もう一つポイントとなるのは、廃業にかかるコストです。貸借対照表の純資産がプラスの会社であっても、そこに計上されている資産は継続企業であることが前提です。廃業となると、棚卸資産も機械装置等の固定資産も叩き売り価格で処分しなければならず、またリース解約違約金や従業員の退職金などオフバランスとなっている債務が発生する場合もあり、最終的な残余財産はマイナスとなってしまうことがよくあります。

一方M&Aであれば、売買価格は通常は継続企業価値として評価され、そこに「のれん」と呼ばれる超過収益力部分が上乗せされることもあります。個別の資産処分や従業員の解雇といった手間が省略される上、これまでの会社への貢献が現金化されるため、その後の生活資金とすることもできるのです。

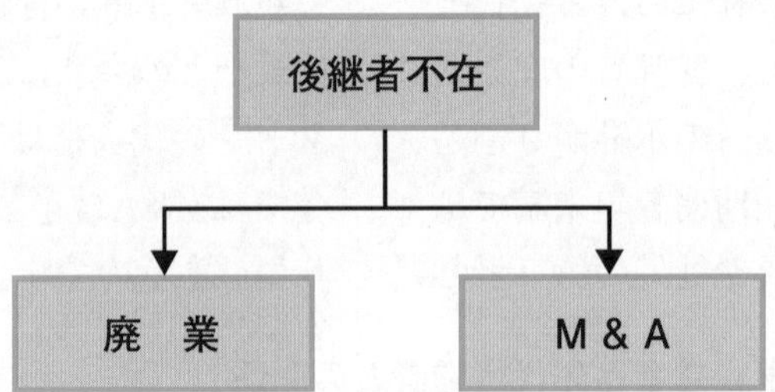

M&Aの手法

M&AとはMerger and Acquisition（合併と取得）の略で、企業が行う合併や買収を総称していいます。M&Aの具体的手法は様々ですが、代表的な手法としてはつぎのような方法があげられます。

対象	方法
会社全体を移動	・株式譲渡 ・合併 ・株式交換 ・株式交付
会社の一部を移動	・事業譲渡 ・会社分割

M&A手法の選択方法

実際にM&Aを実行する（会社や事業を売却する）に際し、具体的にどの方法が適切か迷うところですが、まず次の点について経営者の方針を明確にしておく必要があります。

- □ 会社の譲渡対象（会社全体か、事業の一部か）
- □ 売却にともなうキャッシュの収入先（会社か、株主個人か）

譲渡対象	キャッシュイン先	手法	ポイント
会社全体	株主個人	株式譲渡	・分かり易く、実務上最も多い。 ・譲渡益に対する課税は分離課税となるため税務上有利な可能性が高い。
		合併	・原則として合併存続法人の株式が対価。 ・会社法により現金対価も可能だが、会社の含み損益に課税が発生する。 ・会社全体が存続法人と一体となる。
		株式交換	・原則として対象会社の株式が対価。 ・会社法により現金対価も可能だが、会社の含み損益に課税が発生する。 ・実施後は相手会社の子会社となる。
		株式交付	・原則として買収側の株式が対価。 ・実施後は相手会社の子会社となる。
	会社	事業全部譲渡	・買手側からすると簿外債務引継リスクを抑えられるため受け入れ易い。 ・権利義務の移転は個別承継のため煩雑。 ・譲渡益に対する課税は会社に発生。
事業の一部（スピンオフ）	株主個人又は会社	会社分割（＋現物配当）	・キャッシュ・イン先は手法によって異なる。 ・包括承継のため権利義務関係の承継が容易。
	会社	事業一部譲渡	・事業全部譲渡と同様。

M&Aのそれぞれのスキームには、税務上の取り扱いを始め考慮すべきポイントが数多くあり、有利不利はケースバイケースです。実行にあたっては、コンサルティング会社や会計士・税理士・弁護士などの専門家と相談した方が安全であるといえるでしょう。

参考までにアドバイザーを入れた場合のM&Aの流れをご紹介しておきます。

●M&Aの流れ

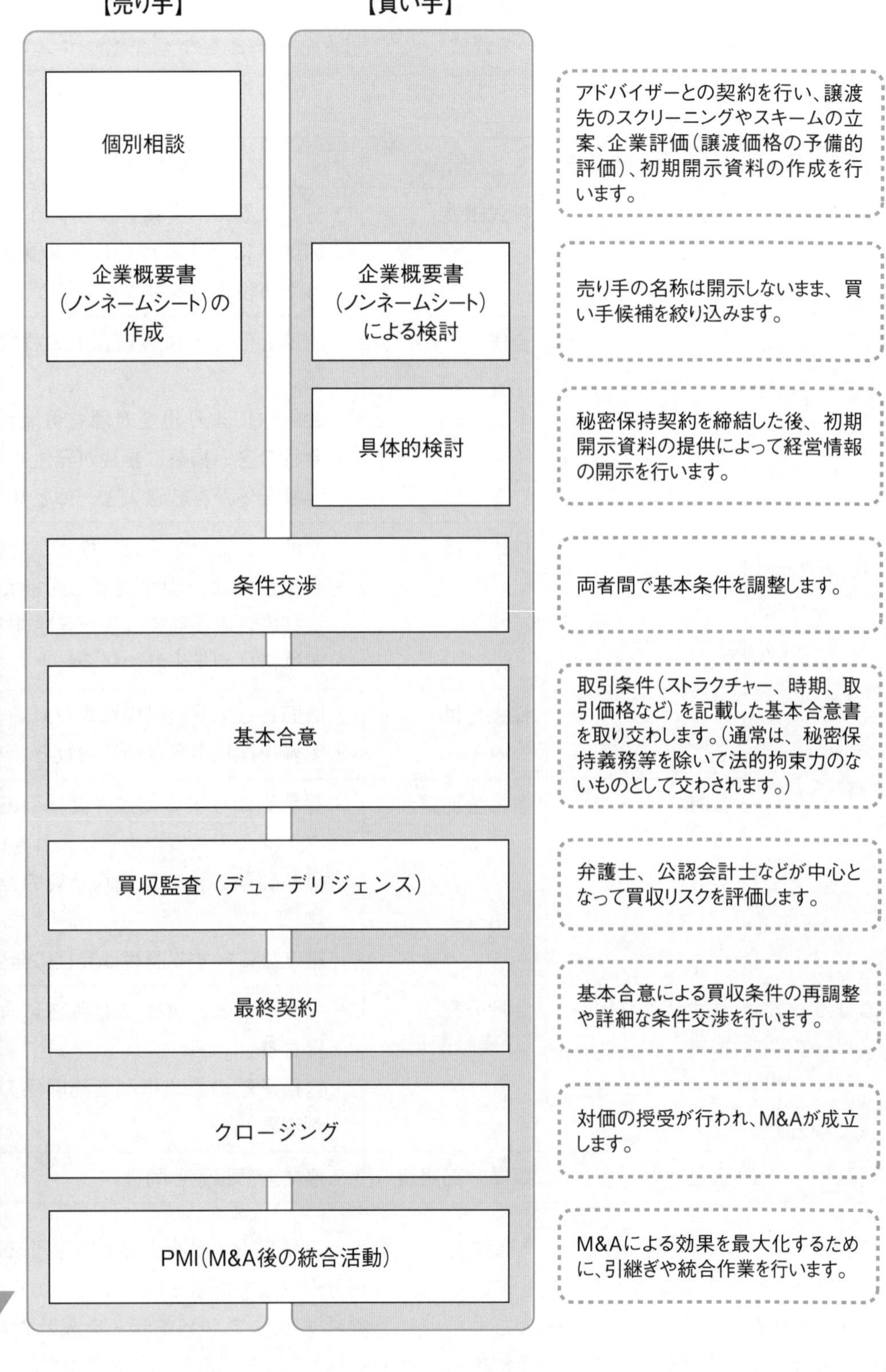
【売り手】
【買い手】
個別相談
アドバイザーとの契約を行い、譲渡先のスクリーニングやスキームの立案、企業評価（譲渡価格の予備的評価）、初期開示資料の作成を行います。
企業概要書（ノンネームシート）の作成
企業概要書（ノンネームシート）による検討
売り手の名称は開示しないまま、買い手候補を絞り込みます。
具体的検討
秘密保持契約を締結した後、初期開示資料の提供によって経営情報の開示を行います。
条件交渉
両者間で基本条件を調整します。
基本合意
取引条件（ストラクチャー、時期、取引価格など）を記載した基本合意書を取り交わします。（通常は、秘密保持義務等を除いて法的拘束力のないものとして交わされます。）
買収監査（デューデリジェンス）
弁護士、公認会計士などが中心となって買収リスクを評価します。
最終契約
基本合意による買収条件の再調整や詳細な条件交渉を行います。
クロージング
対価の授受が行われ、M&Aが成立します。
PMI（M&A後の統合活動）
M&Aによる効果を最大化するために、引継ぎや統合作業を行います。

株式交付という新たな制度

会社を子会社するための手法として、改正会社法によって2021年３月から施行され、今後の活用が期待される新たな制度として「株式交付」制度があります。

株式交付は、「株式会社が他の株式会社をその子会社とするために、当該他の株式会社の株式を譲り受け、当該株式の譲渡人に対して当該株式の対価として当該株式会社の株式を交付することをいう。」と定義されています。つまり、M&Aなどで他社を子会社化する際に、その対価として現金に加えて自社の株式を交付することが認められる仕組みということになります。

類似の手法に「株式交換」がありますが、株式交換は相手の会社を100%子会社化する仕組みでした。一方、株式交付は子会社化のための手法ではありものの、100%子会社化することまでは求められていません。

ただし、株式交付制度は子会社でない会社を新たに子会社にしようとする場合にのみ適用され、すでに子会社となっている会社の株式を追加取得する場合は対象とならないため、注意が必要です。

●株式交付と株式交換の違い

	株式交換	株式交付
親会社となる会社	株式会社・合同会社	株式会社のみ
株式取得の方法	親会社と子会社との株式交換契約	親会社と子会社株主との譲受取引
子会社化の形態	完全子会社化	子会社でない会社の子会社化（完全子会社化に限らない）
対価	金銭のみの交付も可	原則として自社株式（金銭は対価の一部のみ）

株式交付を行うにあたり、買収する側（親会社側）は株式交付計画を作成しますが、この計画は原則として親会社側の株主総会において特別決議による承認を受けなければなりません。株式の交付に反対する株主には株式買取請求権が与えられており、株式交付の対価として親会社の株式以外に金銭等が含まれている場合、親会社の債権者には原則として債権者異議手続きが認められています。

なお、子会社化される会社の株主については、本来は株式の譲渡益に対する課税が発生しますが、支払対価の合計金額のうち80%以上が親会社の株主である場合には、原則として課税が繰り延べられることになっています。したがって、株式交付において税制上の優遇適用を受けるためには、現金で支払う部分は対価の２割未満に抑えなければなりません。

M&Aを進める上での買い手側向け税制支援

中小企業に対するM&Aは、買収側からしても資金的に負担になるだけでなく、簿外債務等のリスクも抱えることになります。

そこで令和４年度税制改正により、中小企業等経営強化法に基づく「経営力向上計画」の認定を受けるなど、一定の条件を満たして実施したM&Aについて、「中小企業の経営資源の集約化に関する税制」（経営資源集約化税制）による措置を活用できることされています。

この税制措置は原則として資本金１億円以下の中小企業者等を対象としており、主に①設備投資減税と②準備金の積立てがあります。

①設備投資減税

経営力向上計画に基づき、一定の設備を取得等した場合、投資額の10％を税額控除（注）又は全額即時償却。

（注）資本金3000万円超の中小企業者等の税額控除率は7％

②準備金の積立て

事業承継等事前調査に関する事項を記載した経営力向上計画の認定を受けた上で、計画に沿ってM&Aを実施した際に、M&A実施後に発生し得るリスク（簿外債務等）に備えるため、投資額の70％以下の金額を、準備金として積み立て可能（積み立てた金額は損金算入）。

●準備金の積立て制度のイメージ

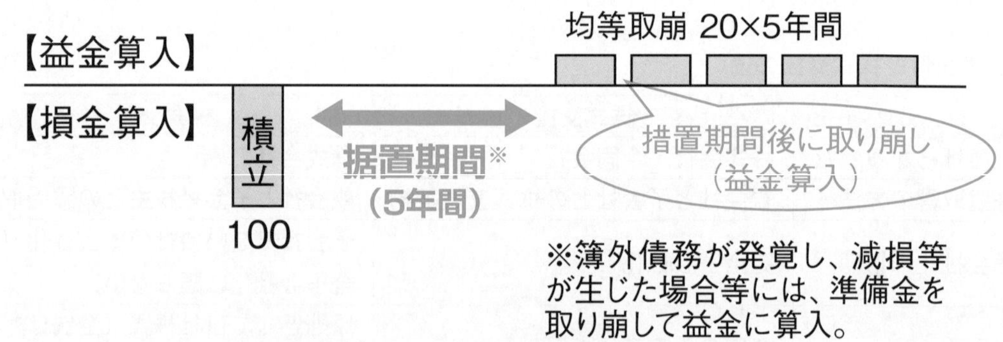

（出典）中小企業庁ホームページ「経営資源集約化税制（中小企業事業再編投資損失準備金）の活用について」より

事業承継ファンドの活用

これまで、親族外承継の形態としては、取引先や同業他社を含む第三者の一般事業会社への譲渡が一般的でした。これに加えて、最近では「事業承継ファンド」を活用するケースも増えつつあります。

事業承継ファンドと言っても基本的な仕組みは通常のファンドと同様で、投資家から資金を集めてこれを元手に企業への投資を行います。そして、投資対象会社の経営を支援して企業価値を向上させ、数年後にはM&AやIPO等によって資金化（エグジット）します。エグジットによって得られた売却益は、投資家に対して分配されます。

事業承継ファンドも企業から見れば第三者ですから、M&Aの一種といえますが、後継者探しをしている企業にとっては譲渡先の選択肢が広がることになりますし、譲渡成立後はファンドのノウハウを自社に注入してもらうことで経営再建や事業拡大も期待できます。

一方で、将来、ファンドが自社株式を売却した後は再び経営方針が変わる可能性があるなど不安定な面もあります。

●事業承継ファンドのメリットとデメリット

メリット	デメリット
• 後継候補先の選択肢が増える • オーナーはキャピタルゲインを得ることが出来る可能性がある • ファンドのノウハウやリソースを活かした経営支援を受けることが出来る • 後継者が育つまでの時間稼ぎとして利用できる場合がある	• 適切な経営支援を受けられない場合がある • 将来、ファンドが株式を売却した後は、経営方針が変わる可能性がある

事業承継のサポートを行う投資ファンドは数多く存在していますが、主なものとしては次のようなファンド形態があります。

① 中小機構出資ファンド
独立行政法人中小企業基盤整備機構が主導して中小企業支援の一環で行っているファンド出資。事業承継目的のほか、起業支援、再生、成長支援など様々な形態の出資を行っています。

② 日本投資ファンド
株式会社日本政策投資銀行と株式会社日本M&Aセンターが共同で設立したファンド。日本政策投資銀行が持つ豊富なファンド事業経験、資金力、ネットワーク力と、日本M&Aセンターの開拓力やM&A経験とを融合して幅広い支援を行おうとする点が特徴です。

③ PE（プライベートエクイティ）ファンド
未公開株式を取得し、第三者への再売却やIPOによってキャピタルゲインを獲得することを目的としたファンドです。投資期間は平均３年～５年程度とされていて、その間に企業価値を最大まで高めることでリターンの獲得を目指します。かつては「ハゲタカ」と揶揄されたこともありましたが、経営に関する知識、ノウハウを徹底的に投入し、自らのネットワーク力も活かしながら、企業の飛躍的な成長に大きく貢献するケースも多く見られます。

(3) MBO

経営陣による事業承継

MBO（Management Buy－Out）とは、少数株主である経営陣が、対象会社の株式を買い取り、会社の経営支配権を得る方法をいいます。なお、経営陣ではなく従業員が中心になって株式の取得を行う場合、EBO（Employee Buy－Out）といいます。

最近では、企業の一部門を別会社として切り出して従業員がこれを取得してスピンアウトしたり、外国会社の日本子会社を日本の経営者や従業員が買い取って独立したりするなど、様々な手法で行われています。事業承継面でも、後継者が不在となっているような場合にMBOの実行が考えられます。

MBOの場合には新経営陣も社内の人間であるため、会社や業界に精通し、自社の企業文化を円滑に引き継いでくれることが期待できます。そのため、現経営者から見ても、M&Aによって会社外部の第三者を事業承継先とするよりも、これまで苦楽を共にしてきた社内の人間である方が心理的抵抗感も少ないという面はあるようです。

加えて、従来の経営手法に新経営陣の新しい手法が加わって経営が活性化されることや、他の従業員のモチベーション向上につながる効果も考えられます。

一方で、従来からの経営路線の承継は、経営環境の変化への対応をし損ねてしまう恐れもあります。

MBOの手法

○株式売買

最も単純なMBO方法として考えられるのは、現経営者一族の保有する株式を新経営陣が買い取って、大株主としての地位を入れ替える方法です。

ただし、買取資金は高額となることが多いため、新経営陣となる個人が株式の買取資金を直接調達できるかが課題となります。

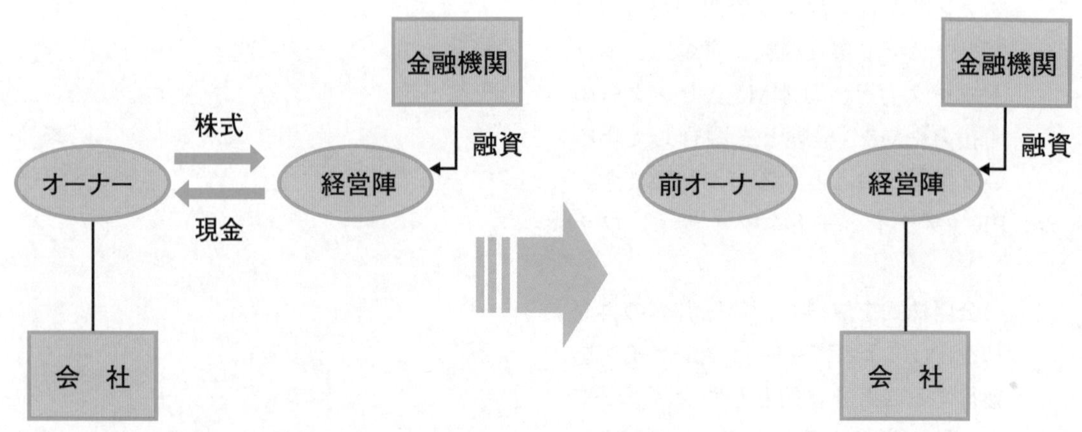

○自己株式の取得

そこで考えられるのが、MBOに先立って対象会社が純資産を大幅に圧縮する方法です。

通常は、対象会社が現株主から可能な限りの自己株式を取得することにより行われます。自己株式の取得の本質は「資本の払戻し」ですから、自己株式の取得によって会社の純資産は大幅に減少します。その後、新経営陣は対象会社から第三者割当増資を受けて、大株主としての地位を獲得します。

この方法によると、自己株式の取得に応じるオーナー株主にはみなし配当課税が発生します。株主が個人の場合、配当所得は税率の高くなる累進制の総合課税であるため、税負担の重さがネックとなります。

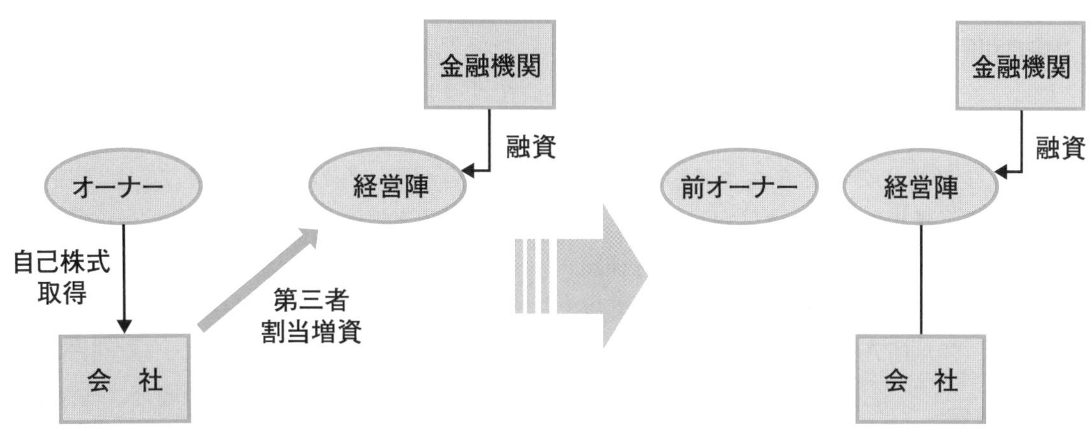

○SPC（特別目的会社）の利用

この方式では、まず経営陣やプライベート・エクイティ・ファンドが出資して株式取得受皿会社となるSPCを設立します。SPCは買取資金を調達し、オーナーから会社の株式を買い取ります。この場合の買取

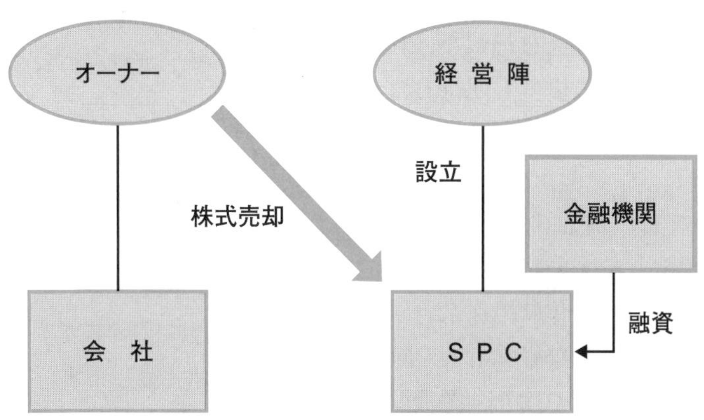

資金は、対象会社の資産等を担保とした金融機関からの借入（ノンリコースファイナンスによることが多い）や投資ファンドからの出資等によりまかなわれます。

SPCには返済能力がないため、次にSPCは対象会社と合併します。すなわち、SPCの調達する資金の返済原資は、対象会社の資産ということになります。

SPCを利用するスキームは、多額の買収資金を要し、一般にTOB（株式公開買い付け）による手続きを経由する上場企業のMBOにおいて特に見られます。

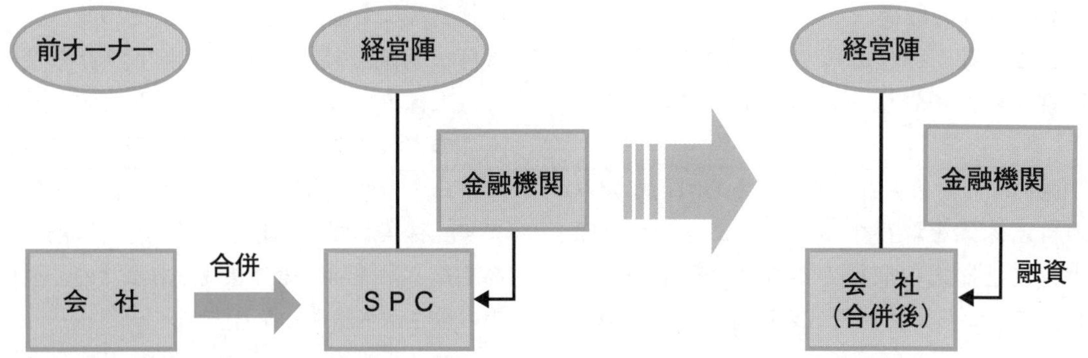

○SPC利用時の他のスキーム

上記のスキームでは単純株式買取を行いましたが、一部の株主が株式の売買に合意しない場合、少数株主の排除（スクイーズアウト）の問題が残ります。スクイーズアウトの手法には株式交換方式や全部取得条項付種類株式方式などがありますが、詳細については第2章4（3）(P76) をご参照ください。

MBOの課題

○買取資金

MBOスキームを策定する上での最大の問題点は、株式を買い取る側の新経営陣に十分な資力がない場合が多いことです。

買取資金がなければ資金調達を行わなければなりませんが、担保資産の提供も期待しにくく、個人の信用力による資金調達には限界があります。

この問題については、前述のようにSPC方式が考案され、解決しやすい状況になっています。ただし、対象会社自体に担保余力がない場合や、新経営陣が十分な経営計画を策定できないような場合には、やはり金融機関からの支援を受けられない可能性があります。

○個人保証

もう一つの問題点は、個人保証（経営者保証）の問題です。非上場の中小企業の多くは自社の借入調達に対して代表者が個人保証を行っています。長年オーナーとして進んできた経営者には当然のことであっても、これまでサラリーマンとして勤めてきた従業員出身の新経営陣は、この個人保証には抵抗感があることが多いものです。加えて、個人保証だけでなく私財の担保提供を求められることもあり得ます。

もし新経営陣が個人保証や担保提供を応諾しても、そもそもその個人に十分な財産がない場合も考えられます。その場合、当面の間は前オーナーの個人保証や担保提供を解除することは難しいかもしれません。そうなっては、売り手であるオーナー株主から見ても、MBOは魅力的な事業承継手段ではなくなってしまうでしょう。

このような課題への対応策として、既にご紹介したように、「経営者保証に関するガイドライン」と呼ばれる自主ルールが策定されており、事業承継時の経営者保証解除に向けた取り組みが始まっています。経営者保証の問題が事業承継にあたって重要な障害となっている場合には、本ガイドラインの積極的な活用も検討に値します。

また別の観点として、新経営陣が個人保証を行う場合であっても、そのリスクの対価として会社から一定の保証料を支払うことも考えられます。これにより、少しでも負担感の軽減、もしくは納得感を高めることが出来る可能性もあります。

《経営者保証ガイドラインのポイント》

（1）法人と個人が明確に分離されている場合などに、経営者の個人保証を求めないこと

（2）多額の個人保証を行っていても、早期に事業再生や廃業を決断した際に一定の生活費等（従来の自由財産99万円に加え、年齢等に応じて100万円～360万円）を残すことや、「華美でない」自宅に住み続けられることなどを検討すること

（3）保証債務の履行時に返済しきれない債務残額は原則として免除すること

●個人保証の状況（中規模法人・小規模法人）

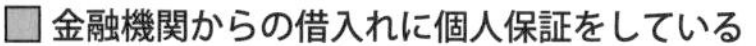

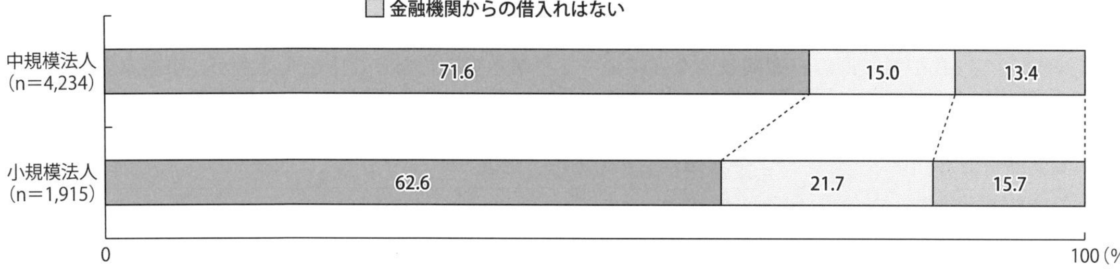

資料：中小企業庁委託「企業経営の継続に関するアンケート調査」（2016年11月、（株）東京商エリサーチ）
（注）「中規模法人」は中規模法人向け調査を集計、「小規模法人」は小規模事業者向け調査を集計している。
（出典）2017年版「中小企業白書」P274

対象会社の純資産の圧縮

新経営陣にとって資金調達能力が課題の一つであり、その解決策として行われるのがSPCを介在させるスキームであることは既にご紹介しました。

ただ、資金調達があまり多額になると、新経営陣側にはやはり抵抗感があるものです。そこで、買取代金そのものの減額ができないかどうかも検討します。

たとえば、前オーナーが役員から退任するのであれば、退職慰労金を会社から支給する方法が考えられます。これによって会社の純資産が圧縮される上、退職金は所得税法上優遇されていますから、本人にとっても株式売却代金と合わせた手取額が大きくなる可能性があります（第2章7（3）（P138）参照）。

また、会社の本社や工場の建物や敷地などを前オーナーに保有してもらい、会社はこれを賃借する方法も考えられます。そうすることで当面の買取必要資金は圧縮されますし、前オーナーから見ても今後継続して賃貸料が入ってくることは気持ちの上でうれしいことかもしれません。

事業承継をきっかけとした補助金の活用

事業承継が行われると、後継者は先代経営者の作り上げてきた貴重な経営資源や経営ノウハウを引き継いでいくことになりますが、そこに後継者ならではの新しいアイディアや取り組みを加えることで、企業はさらなる成長の機会を得る可能性があります。

国や政府もそのような中小企業の取り組みをバックアップしており、財務面からのサポートが補助金であるといえます。

例えば中小企業庁では、事業承継やM&A（事業再編・事業統合等。経営資源を引き継いで行う創業を含む。）を契機とした経営革新等への挑戦や、M&Aによる経営資源の引継ぎ、廃業・再チャレンジを行おうとする中小企業者等を後押しするため、「事業承継・引継ぎ補助金」(注)が設けられています。

この補助金は、経営革新事業、専門家活用事業、廃業・再チャレンジ事業の３種類から構成されています（令和４年度当初予算版の場合）。さらに、事業承継・引継ぎ補助金（経営革新）には、創業支援型、経営者交代型、M&A型の３種類というように類型が設けられ、補助金や支援類型ごとに補助上限額等が異なっています。

●事業承継・引継ぎ補助金の例（令和４年度当初予算版）

【経営革新事業】

経営者の交代や事業再編・事業統合などによって事業承継を行なった中小企業者が、事業承継を契機として経営革新に係る取組を行う場合に、設備投資や販路開拓等にかかる取組費用の一部を補助する事業

補助対象者	一定要件を満たす中小企業者
類型	創業支援型（Ⅰ型） 経営者交代型（Ⅱ型） M&A型（Ⅲ型）
補助率	1/2以内
補助上限額	500万円以内（生産性向上要件を充足する場合）

【専門家活用事業】

後継者不在により、事業継続が困難になることが見込まれている中小企業者等が、M&Aによる経費を補助する事業

補助対象者	一定要件を満たす中小企業者等
類型	買い手支援型（Ⅰ型） 売り手支援型（Ⅱ型）
補助率	1/2以内
補助上限額	400万円以内（引継ぎが実現しない場合は200万円以内）

例えば、【経営革新事業】の経営者交代型では、親族内承継だけでなく、親族・従業員以外の第三者も、一定の要件を満たせば、経営者交代型の対象となる可能性があります。

また、【専門家活用事業】における補助経費は、以下の①〜③の全ての要件を満たすことが必要ですが、M&A時の専門家活用に係る費用（デューデリジェンス費用、仲介費用等）が広く対象となる可能性があります。

①　使用目的が補助対象事業の遂行に必要なものと明確に特定できる経費
②　補助事業期間内に契約・発注を行い支払った経費
③　補助事業期間終了後の実績報告で提出する証拠書類等によって金額・支払い等が確認できる経費

補助金という性質上、毎年度の予算によってその要件や補助額も変わりますが、事業承継を契機として新たな展開を模索している後継経営者や、外部の専門家のサポートを借りたいと考えている経営者にとっては、是非とも活用を検討したい制度の１つといえるでしょう。

(注) 令和２年度までは「事業承継補助金」「経営資源引継ぎ補助金」という名称でした。

4. 紛争トラブルの防止

(1)遺言書の作成

遺言書の必要性

◯遺産の分割方法

相続人が複数いる場合、一人の被相続人が遺した財産は各人に帰属させる必要があります。これを遺産分割といい、遺言による指定（指定分割）がない限り、相続人全員の協議によって分割されます（協議分割）。その場合、法定相続割合に従う必要はなく、当人が同意すれば一部の相続人の取得分をゼロとすることも認められます。

協議が調わない場合、家庭裁判所において調停により分割の協議を行います（調停分割）。

それでも成立しない時や協議が不可能であるような場合には、家庭裁判所の審判により分割します（審判分割）。審判分割では裁判官が分割方法を決定し、原則として法定相続分に従って分割されます。

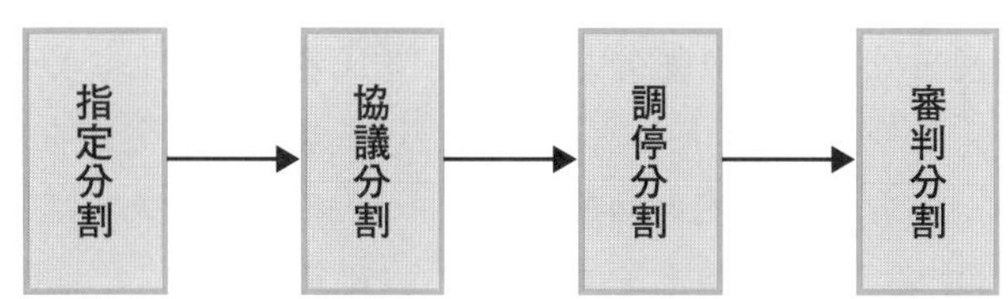

◯遺言書による意思表示

このように協議分割等においては、相続人が分割方法を決定します。そのため、被相続人が特定の人に特定の財産を譲りたいと考えていた場合、必ずしもその通りに財産が取得されるとは限りません。それどころか、分割方法をあらかじめ定めておかないと財産の分配をめぐって争いが起こる可能性もあります。

そこで、せっかく築き上げた財産をより確実に、被相続人が望む相手に譲っていくために、「遺言書」によってその意思を表示することが重要となるのです。

また、遺言書がない場合には法定相続人のみが相続権を得ることになっています。法定相続人以外の人に財産を譲りたい場合にも、必ず遺言書が必要となります。

●法定相続人

順位	法定相続人	
第１順位	配偶者	直系卑属（子・その代襲者）
第２順位	配偶者	直系尊属（親・親の死亡時は祖父母）
第３順位	配偶者	兄弟姉妹・その代襲者

遺言書の効力

遺言によってなすことのできる事項は限定的に定められており、主に次のような事項について効力があります。

（1）相続分の指定（及びその委託）
（2）遺産分割方法の指定（及びその委託）
（3）遺贈・寄附
（4）遺言執行者の指定（及びその委託）
（5）相続人の廃除及びその取消し
（6）子の認知
（7）後見人・後見監督人の指定

なお、遺言は、遺言者の意思によって、いつでも撤回したり改めたりすることができます。

また、（4）の遺言執行者とは遺言者に代わって、遺言の内容を確実に実現させる者のことをいいます。遺言執行者が指定されると、相続人は勝手に遺産を分割したり処分したりすることができなくなります。

遺言執行者をおかなくても、遺言内容の多くは相続人自らが執行することもできますが、遺言内容によっては相続人間で利益が相反することも考えられます。遺言執行者をおくことで、遺言内容が忠実かつ公平に実行されることが期待されます。

遺言書の形式と作成方法

相続が発生した後、被相続人の意思を確かめることは不可能です。そこで、民法では遺言書の形式について厳格な手続きや形式を求めています（要式行為といいます）。

一般的な遺言である普通方式には、自筆証書遺言、公正証書遺言、秘密証書遺言があります。

○自筆証書遺言

遺言者が遺言書の全文、日付及び氏名を自筆で書き、これに押印する方式です。証人や立会人が不要のため費用はかからず、内容を秘密にしておくことができます。

ただし、すべてを自分で作成するために要式の不備で無効となることも多く、また紛失、隠匿、破棄、改ざん等のおそれも強く、遺言者の意思が確実に実行できるかどうかという点について安定性を欠くと言えます。

自筆証書遺言による場合の主な要件は次のとおりです。

①原則として全文を自筆で表示しなければなりません。ワープロ等を用いたものやテープレコーダー等による録音は自筆証書とは認められません。

②作成年月日を記載しなければなりません。複数の遺言書が存在する場合、日付の記載によって最新のものについて判断することができます。

③氏名を自署し、かつ押印しなければなりません。氏名がない場合、仮に筆跡が本人のものであっても無効となります。印は実印でなく、認印でもよいとされています。

このような問題点に対して、2018年７月に「民法及び家事事件手続法の一部を改正する法律」が成立し、民法のうち相続に関する部分が大きく改正されることとなりました。これに伴い、2019年１月13日より、同日以降に自筆証書遺言をする場合には，新しい方式に従って遺言書を作成することができるようになっています。

具体的には、自筆証書によって遺言をする場合でも、自筆証書に相続財産の全部又は一部の目録（財産目録）を添付するときは，例外的に、その目録については自書しなくてもよいことになります。財産目録の形式に定めはないため、パソコン等で作成するほか、土地について登記事項証明書を財産目録として添付することや，預貯金について通帳の写しを添付することも認められます。これによって、作成者の負担が大きく軽減されることが期待されます。（ただし、作成された財産目録については、すべてのページに署名押印することが必要です。）

また、遺言書は自宅の金庫等に保管されることが多くみられましたが、紛失や改ざん、盗難のリスクがありました。そこで、今回の改正において、法務局において自筆証書遺言を保管する制度が創設されました。この制度は2020年７月10日より施行されています。

○公正証書遺言

証人２人以上の立会いのもと、公証人に遺言の趣旨を口頭で伝えて作成する方式です。公証人は遺言書を作成したら遺言者及び証人に読み聞かせ、正しいことが確認できたら各人が署名押印します。

公正証書遺言は公証人費用が発生するほか、証人の立会が必要なため遺言の内容を秘密にすることが難しいという問題があります。

一方で、作成された証書の原本は公証人によって保管されるため、紛失や改ざん、隠匿、破棄等の恐れがなく、確実性が高い方法であるともいえます。

○秘密証書遺言

遺言者が公証人役場に遺言書を持参し、証人２人以上の立会いのもと提出する方式です。遺言者は公証人役場において遺言書に署名押印の後、封入封印します。公証人は、その封紙に遺言者及び証人とともに署名押印します。作成された遺言書は遺言者自身が保管します。

秘密証書遺言は、遺言が存在することを明らかにしつつ、その内容について秘密にすることができます。また、自署を行えばワープロ等によって作成されたものでもよく、作成が簡単である上、偽造のおそれも低いといえます。

一方、公証人側は遺言書自体の内容の確認はしないため、要式の不備等により無効となってしまう可能性があり、その上、遺言者自身で保管するため紛失、隠匿、破棄等のリスクは残ります。

●３種類の普通方式

	自筆証書遺言	公正証書遺言	秘密証書遺言
手続の簡単さ	◎	△	○
コスト	◎	△	○
秘密保持	◎	△	○
要件不備のリスク	△（○）(※2)	◎	△
紛失・隠匿リスク	△（◎）(※2)	◎	△
改ざんリスク	△（◎）(※2)	◎	○
検認(※1)の要否	必要（不要）	不要	必要

（※１）遺言書の開封時の裁判所の検認手続き
（※２）カッコ（　）内は法務局保管制度を利用した場合

◯包括遺贈と特定遺贈

遺贈とは、遺言によって財産の一部又は全部を無償で供与することをいいます。相続においては、いわば当然に被相続人の財産が引き継がれるのに対し、遺贈では、遺言によって財産を贈与します。そのため、遺贈は一般に相続人以外の人に財産を分け与える場合に行われます（相続人に対する遺贈も可能です）。

遺贈には、包括遺贈と特定遺贈とがあります。包括遺贈は、「財産の２分の１をＡさんに遺贈します。」というように、財産の全部又は一定の割合で示して遺贈する方法をいいます。一方、特定遺贈は、「土地ＸをＡさんに遺贈します。」というように、特定の財産を指定して行う遺贈をいいます。

◯死因贈与

遺贈と似た方法に死因贈与という方法があります。「私が死んだら土地Ｘをあげます。」というように死亡を条件とした贈与で、相手方の承諾を必要とする契約の一種とされます。この点で、一方的な財産移転である遺贈とは異なります。

◯遺贈の使い方

「土地ＸをＡさんに相続させます。」と「土地ＸをＡさんに遺贈します。」とでは大きな違いがあります。

所有権移転手続きにおいて、「遺贈する」の場合には他の共同相続人等と共同申請しなければなりませんが、「相続させる」であれば単独で申請できます。また、その際の登録免許税も、相続に比べて遺贈による場合は税率が高くなります。

また、特定遺贈による場合、受遺者は対象財産のみを放棄できますが、「相続」による場合には相続全体を放棄しなければなりません。

したがって、相続人以外の特定の人に財産を譲りたい場合にのみ「遺贈」を利用するのが一般的といえます。たとえば、子ではなく孫に財産を遺贈すると、孫は法定相続人ではないため相続税額の20%が加算（２割加算）されますが、相続を一世代省略できるため、将来の相続税を含めた納税額全体では低く抑えることのできる可能性があります。これは、特に将来評価額の上昇が見込まれる資産やキャッシュ・フローを生む資産（=相続財産を増やす資産）を対象とすると、より効果が高くなります。

(2)遺留分のルールと経営承継円滑化法の活用

遺留分制度の概要

遺言によって、遺言者は特定の人に財産を遺すことができます。しかしながら、他の相続人も相続財産の形成に何らかの協力があったでしょうし、財産の分配がなければ今後の生活に支障が出ることもあります。そこで民法では、相続人間の公平を確保するために、被相続人の兄弟姉妹以外の法定相続人に最低限の相続を受ける権利が与えられており、これを遺留分といいます。これは遺言に優先する制度です。

もしも遺言書で「財産は全部Aさんに渡す。Bさんには渡さない」というように遺留分が侵害された場合、侵害された相続人（Bさん）は、他の相続人に対して財産の返還を請求することができます。この権利を「遺留分侵害額請求権」(注) といいます。遺留分侵害額請求権には時効があり、相続開始と遺留分侵害を知ったときから1年以内、知らなかった場合には相続開始から10年が経過すると侵害分の請求権が消滅します。

(注) 2019年の相続法改正前は「遺留分減殺請求権」とされていました。

なお、2019年7月に施行された民法（相続法）の改正において遺留分制度の見直しが行われています。改正前までは、遺留分減殺請求があると原則として贈与された財産そのものを返還しなければなりませんでした。例えば、会社の土地建物を後継者にすべて相続させる旨の遺言をしても、遺留分減殺請求権の行使によって、会社の土地建物は他の相続人との共有状態となってしまうことがありました。

改正法ではこの取り扱いが見直され、遺留分侵害から生ずる権利は金銭請求権（お金を請求する権利）に一本化されています。これによって、会社の事業継続に不可欠な財産が共有関係になってしまうような状態を回避することができるようになっています。

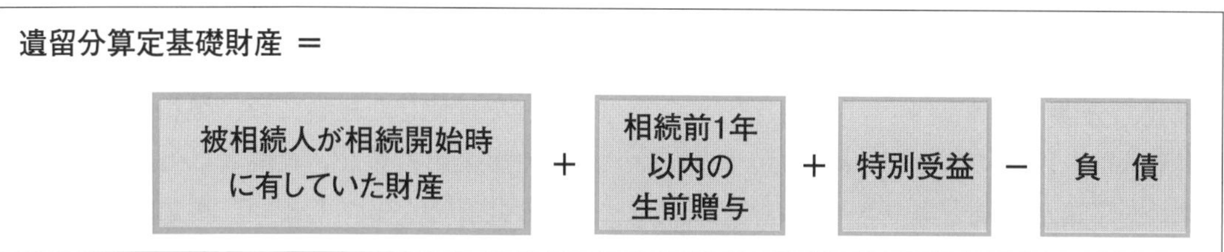

遺留分算定基礎財産 ＝
被相続人が相続開始時に有していた財産
＋
相続前1年以内の生前贈与
＋
特別受益
－
負　債

(注) 特別受益とは、被相続人から相続人に対する遺贈又は婚姻若しくは養子縁組のため若しくは生計の資本としての贈与をいいます。

特別寄与に関する制度

この民法改正では、「特別寄与料」という制度も導入されています。

特別寄与料制度とは、無償で被相続人の介護や看護をすることで財産の維持・増加に貢献していた被相続人の親族が、相続人に対して寄与度に応じた金銭（特別寄与料）を請求することができる制度です。

従来、生前にどれだけ被相続人の介護や看護をしていても、相続人以外の人は相続財産を全く受け取ることが出来ませんでした。このような状態は不公平であるとして、改正によって、相続人以外の親族も相続財産を取得する（相続人に対して請求する）ことが出来るようになっています。

遺留分の額

遺留分算定の基礎となる財産の額は、次のように求めます。

贈与した財産は、原則として相続発生前1年以内になされたものが対象となります。ただし、生計の資本等としてなされたいわゆる特別受益は相続開始前10年間にされた贈与についても加算されます。

このようにして求めた基礎財産の価額に遺留分の比率を乗じることで、遺留分の額を算出します。比率は、原則として被相続人の財産の1/2、ただし直系尊属のみが相続人である場合は被相続人の財産の1/3となっています。

順位	相続人		法定相続分	総体的遺留分（全体として残される割合）	個別的遺留分（個々の相続人の遺留分）
－	配偶者のみ		すべて	法定相続分の　1/2	1/2
1	配偶者		1/2	法定相続分の　1/2	1/4
	子（直系卑属）		1/2	法定相続分の　1/2	1/4
2	配偶者		2/3	法定相続分の　1/2	1/3
	直系尊属		1/3	法定相続分の　1/2	1/6
3	配偶者		3/4	法定相続分の　1/2	1/2
	兄弟姉妹		1/4	なし	なし
－	配偶者がいないとき	子（直系卑属）	すべて	法定相続分の　1/2	1/2
		直系尊属	すべて	法定相続分の　1/3	1/3
		兄弟姉妹	すべて	なし	なし

（※）直系卑属や直系尊属が複数いる場合、人数割りします。

遺留分制度の限界

○株式の分散

事業承継を円滑に進めるためには、後継者に株式や事業用資産を集中させていくことが望まれます。ところが、先代がいくら後継者にこれらの財産を贈与等により移転しても、他に十分な相続財産がなければ、他の相続人の遺留分だけ株式等の財産が分割され、安定的かつ円滑な事業承継を行うことができなくなってしまう可能性があります。

なお、既に説明した通り、改正民法（相続法部分）では、遺留分権者の請求権は金銭債権化されて「遺留分侵害額請求権」とされました。従来は、遺留分権利者が遺留分減殺請求権を行使した場合には、被相続人の自社株式や事業用資産が、後継者以外の他の相続人との共有となってしまい、事業承継において大きな制約を受けるようなケースもありました。

改正後は、遺留分の返還方法を「遺留分侵害額に見合うだけの金銭を請求できる権利」として、金銭での返還を図ることができるようになります。

○株価の上昇

後継者の貢献によって会社の業績が向上すると、自社の株式の評価額も上昇します。先代である被相続人の相続財産に自社株式が含まれている場合、その評価額は相続開始時の価額となります。これは、生前に株式を贈与していても特別受益として相続財産に持ち戻されれば同様です。

自社株式の相続税評価額が上昇することで相続財産全体の評価額が上昇すると、結果的にその上昇分は他の相続人の遺留分の上昇につながってしまいます。後継者にとっては、自らの経営努力が遺産分割時に自身にマイナスとなって跳ね返ってくることになり、逆のインセンティブとなりかねません。

なお、改正民法では、この問題を軽減するための配慮もなされています。詳細はP75をご参照ください。

民法特例規定

○経営承継円滑化法の制定

このような遺留分の制約を回避して円滑な事業承継を促進するため、「中小企業における経営の承継の円滑化に関する法律」（経営承継円滑化法）と呼ばれる法律が制定され、その中において遺留分に関する民法の特例に係る規定が定められて、平成21年３月１日から施行されています。

経営承継円滑化法では、遺留分制度の問題点を解決するため、後継者が先代経営者からの贈与等により取得した自社株式について、「除外合意」と「固定合意」という２つの特例制度が設けられています。なお、これらの特例の適用には、推定相続人（兄弟姉妹及びその子を除く）全員の合意が前提とされています。

○除外合意

後継者に贈与等した自社株式は、民法上は特別受益として遺留分算定基礎財産に算入する必要があります。

これに対する除外合意とは、**贈与等により取得した自社株式を遺留分算定の基礎財産から除外する**制度です。除外合意の対象とすれば、遺留分減殺請求対象からも外れます。

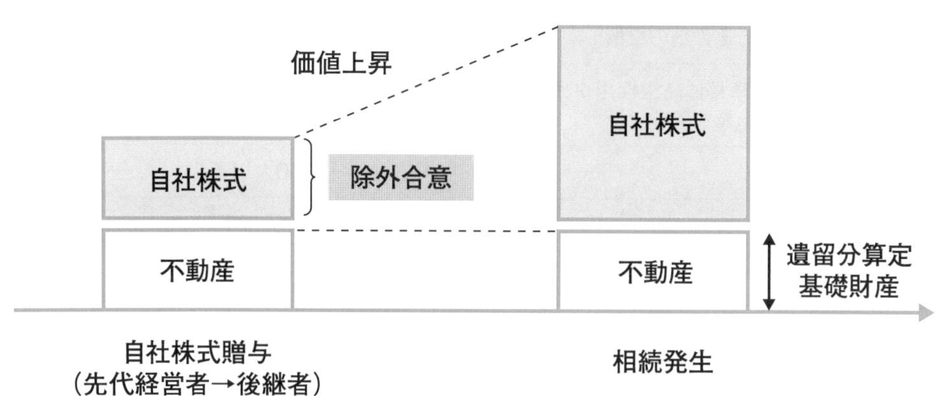

○固定合意

後継者に贈与等された自社株式は、遺留分算定基礎財産に含まれますが、その価額は相続開始時の評価額です。

これに対する固定合意とは、遺留分の算定に際して、**生前贈与株式の価額を当該合意時の評価額で予め固定**できる制度です。

下図の場合、贈与時に５千万円だった自社株式の評価額が相続開始時には１億２千万円に上昇していますが、これを固定合意の対象としていれば、価値上昇分７千万円（１億２千万円と５千万円との差額）は遺留分算定基礎財産に含まれません。

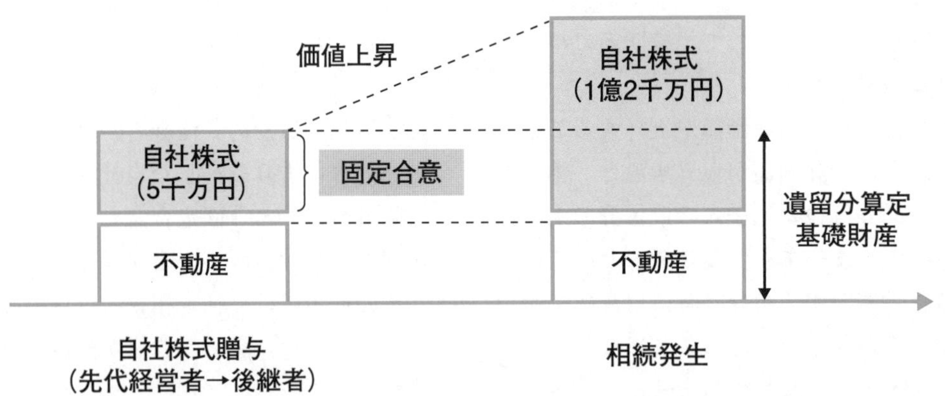

民法特例を適用するための要件

○適用できる会社

遺留分に関する民法の特例が適用されるのは、「特例中小企業者」に限られています。特例中小企業者とは、一定期間（３年程度）以上継続して事業を行っている中小企業者で、中小企業基本法によって資本金又は従業員数で定義されます。

ただし、上場又は店頭登録している会社は除かれます。

業　　種	従業員数 又は 資本金	
製造業、建設業、運輸業、その他の業種	300人以下	３億円以下
ゴム製品製造業（自動車又は航空機用タイヤ、チューブ製造業、工業用ベルト製造業を除く。）	900人以下	
卸売業	100人以下	１億円以下
小売業	50人以下	5,000万円以下
サービス業	100人以下	5,000万円以下
ソフトウェア業又は情報処理サービス業	300人以下	３億円以下
旅館業	200人以下	5,000万円以下

◯適用対象者

民法特例は「旧代表者」から「後継者」に贈与等がなされた株式について適用されます。それぞれの要件は、下図のとおりです。

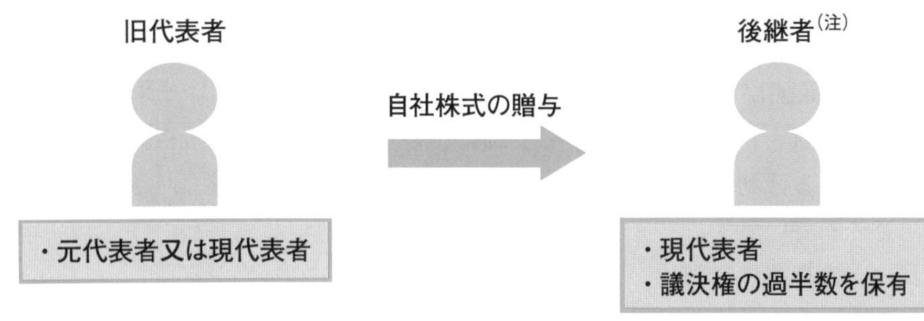

（注）後継者の対象はこれまで推定相続人（親族内承継）に限られていましたが、平成28年4月改正により、「親族外」にも拡大されています。

◯手続き

民法特例の適用を受けるためには、推定相続人全員が合意することが必要です。合意が書面によってなされたら、以降は後継者が手続きを進めます。

具体的には、形式的要件の具備について都道府県知事の確認を受け、確認から１ヵ月以内に家庭裁判所に許可の申立を行います。この許可を受けた時から、合意の効力が発生します。

◯付随合意

除外合意及び固定合意（又はいずれか）が行われた時には、それと併せて付随合意をすることもできます。

付随合意では、後継者が贈与を受けた自社株式以外の財産や、後継者以外が贈与を受けた財産について、遺留分算定の基礎財産から除外することができることとなっており、特に後継者以外の推定相続人の公平感に配慮がなされています。

◯遺留分算定方法の見直し

除外合意や固定合意は、法定相続人の全員の同意が必要であり、相続人間の意見が合わなければ必ずしも簡単ではありません。そこで、2018年７月に成立した民法改正（相続税部分）により、遺留分の算定方法の見直しも行われています。

従来、後継者に対する自社株式の生前贈与に係る特別受益は、過去分は期間制限なく遺留分の算定基礎財産へ持ち戻されていました。しかも、その価格は相続時の評価額であるため、自社株の評価が上がった場合には後継者にとって事業承継にかかる大きなリスクともなっていました。

そこで改正民法では、持ち戻し期間が相続開始前10年間の贈与に限定されることとされまた。これにより、それ以前の贈与分については遺留分の算定基礎から除外され、安定的な事業承継が図られています(令和２年(2020年）７月１日から施行されています)。

金融支援措置

事業承継の過程においては、相続などにより分散した株式等や事業用資産等の買取りやこれらの資産に係る相続税の納税のために多額の資金が必要となるケースがあります。また、経営者の交代により会社の信用状況が低下する場合もあります。さらには、MBO

（P62参照）などの親族外承継を行う際には、先代経営者から株式等の取得資金の調達が必要となる場合もあります。

そこで経営承継円滑化法では、経済産業大臣の認定（窓口は都道府県）を受けた中小企業者等に対し、「信用保証協会の通常の保証枠とは別枠での信用保証」「事業承継・集約・活性化支援資金による低利融資」などの金融支援措置が用意されています。

なお、それぞれの支援措置の詳細については、「２．事業承継に向けた課題の解消」をご参照ください。

納税猶予制度

経営承継法に基づく経済産業大臣の「認定」を受け、かつ一定の要件を満たした会社は、後継者の取得する非上場株式等に係る相続税や贈与税の納税猶予制度の適用を受けることができるよう整備されています。本制度の詳細については、「６．（４）相続税と贈与税の納税猶予制度」をご参照ください。

(3) 少数株主の排除

株式の分散と集中

子には財産を平等に分け与えたい、というのは先代経営者としては当然の心理といえます。また、古参の役員や従業員の士気向上のために株式を持たせたりする場合もあり、気がつけば株主が何十人も何百人もいたというケースもあるようです。

彼ら株主が一致団結して会社経営にあたっていれば、数多くの株主がいることは大変心強い限りです。ただ、後継者に権限を集中させて厳しい経営環境を乗り越えていこうとするときには、経営陣のみで株式を保有していた方が迅速な意思決定が可能となり、機動的かつ柔軟な会社経営を行うことができるとも考えられます。

そのようなニーズのもとで少数株主を排除することを、「スクイーズアウト」といいます。スクイーズアウトを行うための代表的な手法をご紹介します。

株式売買

各株主に個別に交渉を行い、買い集めていく方法です。売買は売主の同意があってはじめて成立するものであるため、少数株主の権利侵害の問題は生じにくいものと考えられます。

一方で、株主数が多かったり、あくまで同意しない株主がいたりすると、大変な労力を要する上に十分な目的達成ができないというリスクがあります。

なお、株式の買い受け先としては、経営者と会社自身とが考えられます。

経営者が買い受ける場合には自らの資金調達が課題となりますが、税務上適正な価額であることを前提にすれば、当事者間の売買契約のみによればよいため、手続きは簡便です。

一方、会社自身が買い受ける方法は自己株式（金庫株）の取得となり、剰余金の分配可能額の範囲内という枠が設けられるとともに、原則として株主総会決議に基づいた一定の手続きを踏む必要があります。また、税務上は「みなし配当」課税が発生する可能性もあり、注意が必要です。

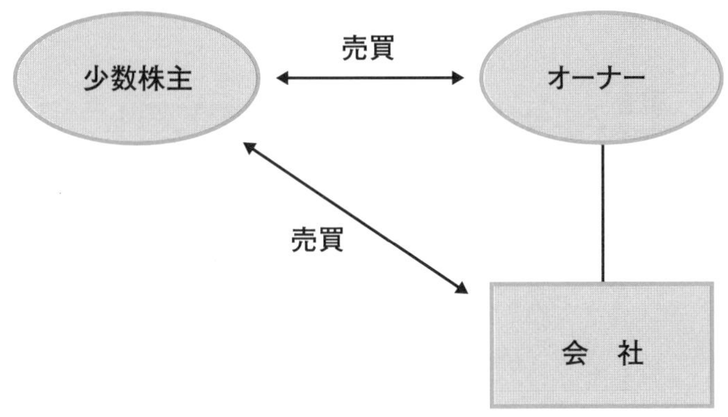

対価柔軟化の活用

会社法の制定により、平成19年５月より組織再編行為に関する「対価の柔軟化」が認められるようになりました。対価柔軟化の解禁により、吸収合併、吸収分割や株式交換を行う際に承継会社の株式ではなく現金を対価とすることが可能となります。

たとえば、Ｘ社がＹ社を吸収合併する際、従来はＹ社（消滅会社）の株主にはＸ社（存続会社）株式が割り当てられていましたが、Ｘ社株式ではなく現金を交付することができます。この場合に、Ｙ社株主はＸ社株主となることはできず、Ｘ社では合併前の株主構成が維持されます。

また、株式交換によっても同様の効果を得ることができます。Ａ社はＢ社株式の95%を保有し、残り５％を少数株主が保有しているとします。そこで、Ａ社を完全親会社、Ｂ社を完全子会社とする株式交換を行い、Ｂ社の少数株主に対してＡ社株式ではなく現金を対価として交付します。

これについて、税務上は金銭等の交付がないことが税制適格要件を満たすための条件とされています。そのため、現金を対価とする株式交換等をおこなうと、税制非適格となり、対象会社の含み損益に対して課税（時価譲渡として取扱う）されてしまうことになります。

●現金交付合併

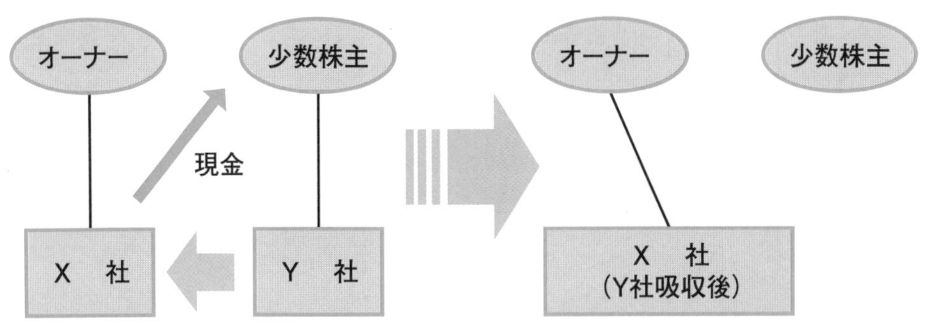

●現金交付株式交換

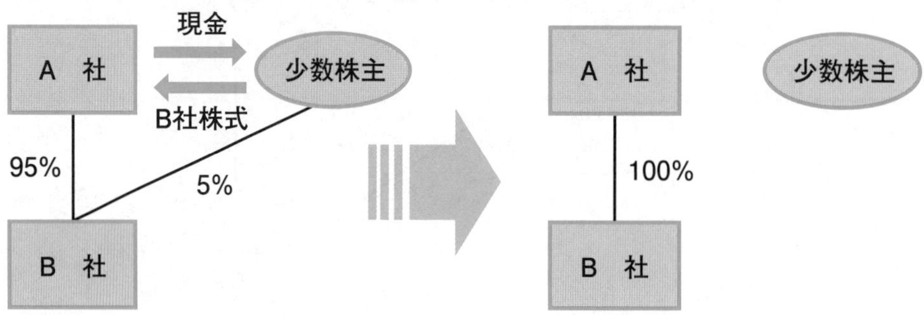

端数株式の買取り

株式交換を行う際、株式交換比率によっては端数が生じますが、その場合には端数株式を現金で買い取ります。持株比率の低い少数株主の持分が端数となると、結果的に金銭交付されて完全親会社の株主から除外されます。

これについて税務上は、合併や株式交換による対価として株式以外の資産（現金等）の交付が行われる場合には原則として税制非適格として取り扱われ、完全子法人等（P77～78図表のＹ社やＢ社）の有する資産に対する時価評価課税が行われてしまいます。

しかしながら、合併、株式交換等に伴い１株未満の端数が生じた株主に交付する金銭については例外として、税制適格要件を満たすものとされています。

さらに平成29年度税制改正により、合併法人等（Ｘ社やＡ社）が被合併法人等（Ｙ社やＢ社）の発行済み株式の３分の２以上を保有している場合にも、その他の株主に対する交付金銭についても税制適格要件を満たすための例外に加えられました。

これらにより、少数株主をスクイーズアウトするためにキャッシュ等の対価が当該少数株主に交付された場合でも、税制適格組織再編として取り扱うことができることとなります。（６．（６）参照）

●端数株式買取方式

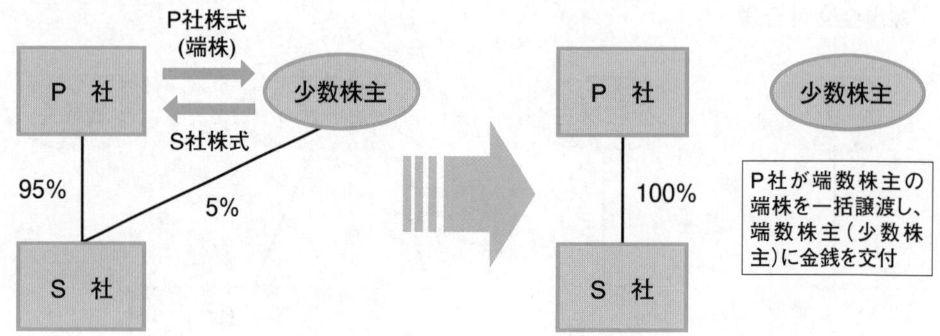

種類株式の活用

会社法の施行で種類株式の活用の幅が増えましたが、その一つである全部取得条項付種類株式を活用する方法があります。

この方法では、株主総会特別決議によって、対象会社の株式の内容を全部取得条項付種類株式に変更します。そして、当該株式の全部取得の特別決議を行い、取得の対価として対象会社の普通株式を交付します。その際、少数株主に交付される株式が１株未満の端数となるように比率を調整します。会社法の規定では、端数については売却し、金銭を株主に交付することとしています。その結果、実施後の対象会社の株主からは少数株主が除外されていることになります。

従前においては、この方法は組織再編行為ではないため、非適格組織再編となって対象会社の含み損益に課税が生じるというリスクを回避することができるとされていました。

この点、平成29年度税制改正において、全部取得条項付種類株式の手法による完全子会社化についても組織再編税制の一環として位置付けられることとされました。そのため、上記の株式交換等と同様の適格要件を満たさない場合には、一定の資産に対して時価評価課税がなされることとなり、当該方式の実行には慎重な検討が必要となります。

なお、改正前において、株式の対価として金銭の交付を受けた株主は原則として譲渡損益課税とされていたものの、反対株主の買取請求による自己株式の買取りについては、みなし配当課税の対象とされていました。少数株主が個人株主の場合、配当所得は総合課税となりますので、対象者の他の所得によっては不利となる場合がありました。改正後は、このような反対株主からの自己株式の買取りについてもみなし配当事由から除外され、譲渡損益課税とされることとなっています。

キャッシュアウト制度

2015年５月施行の改正会社法において、特別支配株主の株式等売渡請求制度（キャッシュアウト）が新設されました。また、これとは別に、株式併合によって少数株主の保有手続きを強制取得する手続き（株式併合スキーム）も整備されています。

これらは全部取得条項付種類株式を使った方法に比べて手続きもシンプルであり、今後は特別支配株主の株式等売渡請求制度や株式併合によるスキームが、スクイーズアウトの手法としてその活用が増えていくことが見込まれます。

◯特別支配株主の株式等売渡請求

総株主の議決権の90％以上（定款でこれを上回る割合を定めた場合は、当該割合以上）を保有する株主（特別支配株主）が、株主総会の決議を経ずに、他の株主等に保有株式等のすべての売渡を請求できることができる手続きです。

特別支配株主からの通知を承認した対象会社は、取得日の20日前までに、売渡株主（売渡請求の対象となる株主）に対して通知を行います。この制度は株主総会決議が不要であるため、簡便な手続きでスクイーズアウトを進めることが可能となります。

なお、2017年10月１日以後に行われる売渡請求については、株式交換と同様の税制適格要件が求められ、適格要件を満たさない場合には完全子法人（対象会社）の時価評価課税が適用されることになるため、留意が必要です。

◯株式併合

株式併合とは、一定の割合により複数の株式を１株に統合し、発行済み株式数を減らす手続きをいいます。例えば、10：１の株式併合を行うと、10株が１株に統合されます。

株式併合を行うためには、株主総会の特別決議が必要です。また、株式併合によって株式に端数が生じる場合、会社は１株に満たない株式を金銭に換価して、株主に交付することとなります。このとき、併合の割合を少数株主が1株未満となるように設定することにより、スクイーズアウトを進めることが可能となります。

2015年に施行された改正会社法により、株式併合を行う際の事前開示内容や反対株主の株式買取請求等の少数株主保護制度が整備されました。これにより、今後は全部取得条項付種類株式を利用したスキームに代わる手法として利用が進むものと考えられます。

なお、公開会社（定款に株式の譲渡制限がない株式会社）においては、株式併合後の発行可能株式総数が、株式併合後の発行済株式総数の４倍を超えることはできないこととされています。

また、税制適格要件の取扱いについては、株式等売渡請求による方法の場合と同様です。

少数株主の保護

会社法においては、スクイーズアウトが比較的簡単に可能となりました。しかしながら、スクイーズアウトでは大株主（オーナー）と少数株主の利害が対立するため、大株主の権利の濫用から少数株主の保護を行う必要があります。

会社法における少数株主保護規定として、差止請求のほか、反対株主に対して株式買取請求権が与えられています。株式交換、吸収合併、全部取得条項付種類株式の発行に対して反対した株主は、「公正な価格」で買取を求めることができます。

また、交換比率が不公正であるとされる場合、特別利害関係株主による不当決議として株主総会決議自体の取消しを求めることが、特別支配株主の株式等売渡請求については売渡請求の無効の訴えが、それぞれ認められています(*)。

(*) 全部取得条項付種類株式や株式併合スキームでは、決議取消しの訴えの対象となる可能性があります。

(4) 相続された株式の売渡請求

相続による株式の分散

従来の相続対策では、贈与税の非課税枠を意識して多数の子、孫にオーナー経営者の持つ自社の株式を分散させる方法が多く行われていました。

ところが、株式の分散を過度に進めると、後継者の持ち株比率が低下して経営支配権が不安定化してしまいます。（議決権比率別の経営支配権は後掲の図表（P84）をご参照ください。）

また非後継者の世代交代（相続）が進むと、血縁関係が薄まって相互信頼関係が低下し、会社にとって望ましいとはいえない株主が出現するリスクがあります。この点、非公開会社の多くは株式の譲渡に会社の承認を有する旨を定款に定めた譲渡制限会社ですが、相続による株式の移転は「一般承継（包括承継）」として譲渡制限制度の適用対象外とされており、会社の側から相続人への株式の移転を拒否することはできないものとされているのです。

非上場株式等に係る相続税や贈与税の納税猶予制度も後継者に株式を集中させることを念頭においており、その点からも必要以上の

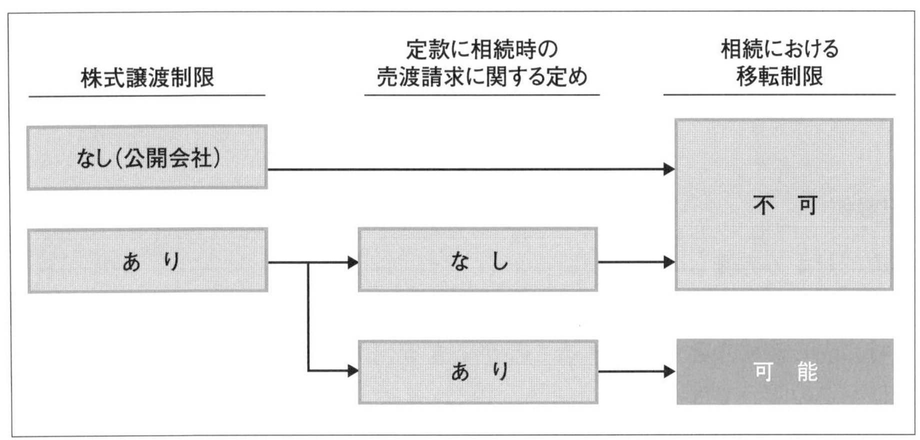

株式の分散は望ましくないといえます。

相続人に対する株式の売渡請求

そこで、前項で述べたように少数株主の保有する株式を強制的に買い上げる方法も考えられますが、親族間であまり強硬な手段はとりにくいものです。

そのような場合に備え、会社法では、定款で定めることにより、相続その他の一般承継（包括承継）によってその株式譲渡制限会社の株式を取得した者に対し、その株式を売り渡すよう請求することができるようになりました。

すなわち、そのような旨を定款で定めれば、相続に際して会社にとって望ましくない者への移転を制限することができるようになるのです。

売渡請求の手続き

相続人等に対する売渡請求に関する定款の定めを行い、これに基づいて売渡請求をするときは、株主総会の特別決議によって、①売渡請求株式数及び②①の対象株主の氏名・名称について承認を受けなければなりません。売渡請求には期限があり、会社が相続があったことを知った日から１年以内とされています。

売渡請求を行った場合、会社は強制的に取得することができ、売主の同意は必要としません。

財源規制

相続によって承継した人からの買い取りは自己株式の取得となります。自己株式の取得には、その取得財源について規制があり、剰余金の分配可能額の範囲内である必要があります。

したがって、会社に剰余金がないなど取得財源が十分でない場合は自己株式の取得を行うことはできず、分配可能額を超えて取得を行うと、取締役と売主は連帯して取得対価に相当する額の支払義務を負うことになりますので、注意が必要です。

少数株主からの売渡請求

売渡請求の対象となった株式の株主、すなわち相続人は、売渡請求の承認に係る株主総会において議決権を行使することができません。そのため、大株主が相続人となったときに、逆に少数株主が売渡請求を行い、決議が成立して少数株主に経営支配権を掌握されてしまう可能性も残ります。

そのようなことが許容されるかは別として、相続発生時のリスクを最小限にとどめるために、定款に売渡請求に関する定めをおく際には、特定の株主が所有する株式を対象外とする旨を併せて定めておいたり、遺贈（特定承継）によって後継者に株式を取得させたりするなどをしておけばより安全であると考えられます。

●定款の記載例

（相続人等に対する売渡しの請求） 第●条　当会社は、相続その他の一般承継により当会社の株式を取得した者に対し、当該株式を当会社に売り渡すことを請求することができる。ただし、株主■■の所有している株式については、この限りではない。

税務上のメリット

売渡請求の対象となる株式は、いったんは相続人が相続により取得して相続財産を構成します。そのため、売渡請求による株式の取得は、会社と相続人との間の自己株式の売買となります。

非上場会社の自己株式の取得は、売主（相続人）について、原則として「みなし配当」課税及び譲渡損益課税の適用を受けます。株式の譲渡所得は他の所得の影響を受けない分離課税であるのに対して、（みなし）配当所得は総合課税であるため、内部留保が多い会社では売主に多額の所得税が発生する可能性があります。

これの例外措置として、相続税の申告期限から３年以内の譲渡についてはみなし配当課税の適用を停止する定めがあり、これの適用を受けることで、株式売却収入全体について比較的有利な譲渡所得として処理することができます。

さらに、相続税額のうち譲渡対象となった株式に対応する金額を、この譲渡所得の計算をする際の取得費に加算する（≒経費とする）ことができるという特例も利用が可能です。これを取得費加算の特例といい、相続税の申告書の提出期限の翌日から３年以内の譲渡が対象となります。

相続人に対する売渡請求は相続発生直後に行われることから、これらの特例を利用すれば、相続人にとっても有利な面があるといえます。

●みなし配当課税のイメージ

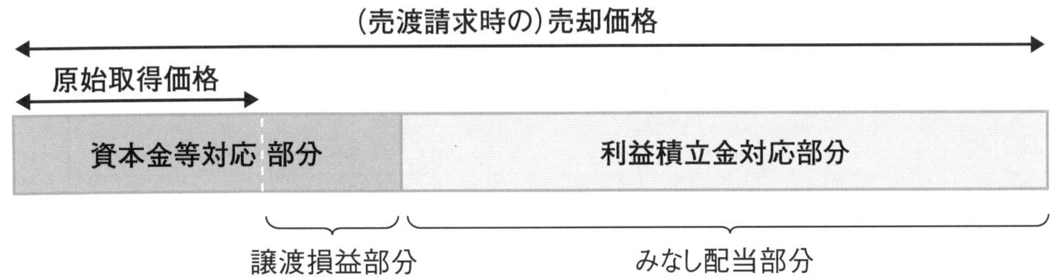

(注)あくまでイメージであり、厳密な図表ではありません。

○納税資金の確保

会社が売渡請求にもとづく株式の取得を行うと、相続人にはその対価として金銭が支払われます。自社の株式は相続人の相続財産に含まれる一方、換金性に乏しいという問題点があります。会社が自社の株式を買い取ることにより、実質的に会社が納税資金を負担することが可能となるという面もあります。

相続人側としては、譲渡収入から所得税及び住民税を控除した残りの金銭が、相続税の納税資金として活用できることになります。

●議決権保有割合別に見た株主の主な権利

議決権保有割合	主な権利内容	コメント
1%以上	総会検査役選任請求権	
1%以上（又は議決権300個）	株主総会での議案提案権	1%以上の要件を満たせなくても300個以上あれば可
3%以上	株主総会招集請求権 役員の解任請求権 会計帳簿閲覧請求権	
10%以上	会社の解散請求権	一定のやむを得ない事由があるとき
3分の1超	株主総会の特別決議に対する拒否権	特別決議を要する重要事項について単独で阻止することが可能
過半数	株主総会の普通決議 ・取締役の選任・解任 ・監査役の選任 ・役員の報酬の決定 ・配当などの剰余金の分配	普通決議事項について単独で成立させることが可能
3分の2以上	株主総会の特別決議 ・定款変更 ・合併、会社分割、株式交換などの組織再編 ・事業の全部譲渡 ・監査役の解任	重要事項について単独で成立させることが可能
3分の2以上	株主総会の特殊決議 ・発行する株式の全部に譲渡制限を付すための定款の変更	議決権を行使することができる株主の半数以上が条件
75%以上	特別特殊決議 ・譲渡制限会社において、株主ごとに異なる取扱いをする旨の定款の変更	総株主の半数以上が条件
90%以上	特別支配株主の株式等売渡請求	P79参照

弱い

〔経営支配力〕

強い

(5) 名義株主の解消

名義株とは

会社の株主は、原則として株主名簿に記載されている者をいいます。主要株主については、会社の法人税申告書（別表二）においても記載されています。

ところが、株主名簿に記載されている者が単なる名義人に過ぎず、その名義人以外の者が実際の権利者（実際に資金を払い込んだ出資者）であるというケースもあり、このような株式を名義株といいます。

このような名義株主が発生する原因は様々ですが、旧商法において株式会社設立時に発起人７人以上が必要であったため頭数を揃えるために親戚や知人から名前を借りたケース、将来の相続対策になると考えて最初から株式の一部を子供の名義としてしまうケース等は時々見られます。

どのような経緯であれ、多くの場合、名義株主は株主ではありません。実際に払い込みをして権利を有する人が、真の株主ということになります。

名義株によって起こり得るリスク

名義株主＝株主ではないとはいえ、形式的には株主として扱わなければならない場面も多くあります。例えば、株主総会招集通知を発送したり、株主総会議事録に署名が必要になったりするケースもあるかも知れません。

そのような日常業務の他に、もっと大きなリスクもあります。

① M&Aを進めるための支障となる

M&Aにおいては、買い手側は株式の取得を通して相手会社の支配権を獲得します。ところが、対象会社の真正な株主が誰であるか確定できないと、誰に買収対価を払えばよいか判断することが出来ず、買収後のリスクを考えて買い手側としても慎重な対応をせざるを得ず、M&Aが成立しないという事態も考えられます。

② 相続時の株主間トラブル

税法では、名義株についてはあくまで実質の株主の財産となります。そのため、実際の出資者である親が自分の株式の一部を名義上だけ子ども名義にして、その後親に相続が発生した場合、子には相続税が課税されます。

それに気づかずに放置すると、追徴課税を受ける上、誰がその税金を払うべきかでもめ事が発生する可能性があります。

また、真の株主が亡くなった後、名義だけ貸していた親戚が株主としての権利を主張してくる恐れもあります。

名義株の整理と解消

名義株主を整理・解消するためには、どのような方法をとれば良いのでしょうか。

まず、名義株主が、自分が株主でないということを理解していて、株式の名義を実際の株主に変更することへの同意が得られている場合、両者が共同して株主名簿の書き換え手続きを行います。税務上も贈与税の課税リスクを避けるため、名義株主本人から真の株主ではないことを認めてもらうための「念書」「確認書」をもらっておくことが安全です。

もし名義株主が株主名簿の書き換えに協力してくれないときは、一定の手続きによって半ば強制的に株主名簿の変更手続きを進めざるを得ません。その方法としては主に、少数株主の整理でも見た「株式併合」「特別支配株主の株式等売渡請求制度」の活用か、やむを得ない場合には訴訟を行うことになります。

株主の所在が分からないとき

なお、名義株主との交渉以前の問題として名義株主の所在が不明で、連絡さえつかないという場合には、「**所在不明株主の株式売却制度**」の利用を検討します。

これは、株主総会招集通知などが５年以上継続して届かない等の場合に、その株式を強制的に買取ることが可能となる制度です。

この手続きにさえ従えば、確実に所在不明株主を整理することが出来ますが、「５年」という期間の長さは、事業承継を急ぐような時にはハードルになっているという面もありました。

そこで、事業承継のニーズの高い非上場の中小企業においては、所在不明株主の株式の取得に要する手続の時間を短縮するという制度も設けられています。すなわち、この「**所在不明株主に関する会社法の特例**」では、経営承継円滑化法に基づく認定を受けることと一定の手続保障を前提に、「５年」を「１年」へと大幅に短縮することが認められています。

●経営承継円滑化法における会社法特例を利用するための２要件

①　経営困難要件 申請者の代表者が年齢、健康状態その他の事情により、継続的かつ安定的に経営を行うことが困難であるため、会社の事業活動の継続に支障が生じている場合であること

②　円滑承継困難要件 一部株主の所在が不明であることにより、その経営を当該代表者以外の者（株式会社事業後継者）に円滑に承継させることが困難であること

5. 自社株式や事業用資産の移転

(1)非上場株式の評価額

非上場株式を移転する場合には、その移転させる価額を算定しなくてはなりません。

その価額は、誰がその非上場株式を取得するのか、また移転の形態が相続・贈与あるいは売買かにより異なります。

●相続・贈与の場合の評価方法フローチャート

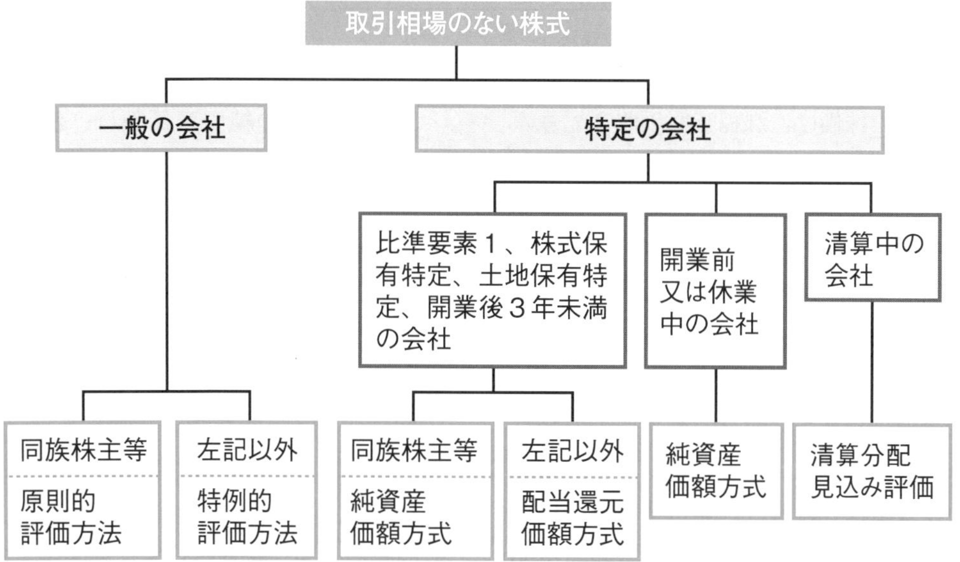

配当還元価額（特例的評価方法）

従業員など、非支配株主に適用される特例的な評価方式です。この評価方式では、次のように経常配当実績を、10%の還元率で割り戻して算定します。なおこの配当還元評価方式により計算した価額が、その株式の原則的評価方式により計算した価額を超えることとなるときは、その原則的評価方式により計算した価額となります。

$$\frac{\text{年配当額}^{(\text{注1})}}{10\%} \times \frac{\text{1株当たりの資本金等の額}}{\text{50円}}$$

（注１）年配当額＝ $\dfrac{\text{直前期末以前2年間の配当}}{2}$ ÷ １株当たりの資本金等の額（注2）を50円とした場合の発行済み株式数

ただし、特別配当や記念配当等を除き、２円50銭未満の場合は２円50銭とします。

（注２）（原則として）資本金と資本準備金の合計額

類似業種比準価額（原則的評価方法）

類似する業種から選定された標準的な上場会社の株価を基に、評価会社の１株当たりの配当金額、利益金額及び簿価純資産価額と、上場会社のそれぞれの金額を比較した割合を用いて比準し、市場では売買できない点を会社規模毎に斟酌する率を乗じて評価する方法です。本来大会社にとっての原則的評価方法ですが、中会社及び小会社についても純資産価額との併用で用いることができます。

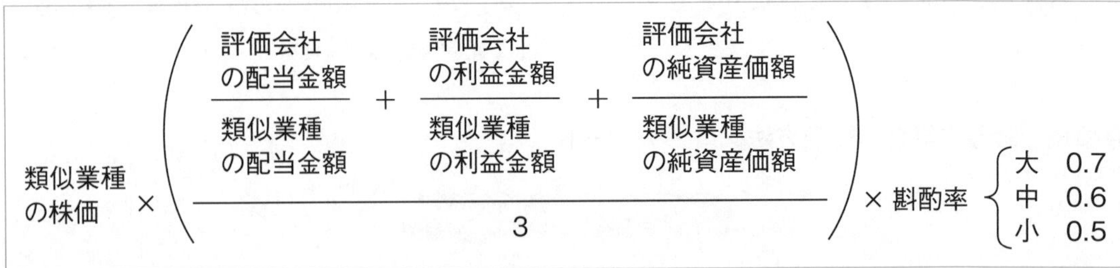

・類似業種の株価は、課税時期以前３ヵ月の各月の平均株価のうち最も低い株価によります。ただし、納税義務者の選択により類似業種の前年平均株価または課税時期以前２年間の平均株価を採用することもできます。

・１株当たりの年配当金額は、直前２期の各事業年度中に配当金交付の効力が発生した剰余金の平均配当金額を、直前期末の発行済株式総数で割って求めます。なお、ここでの発行済株式総数は、類似業種との比較可能性を確保するため、資本金等の額を50円で除した株式数を用います（以下同様です)。

・１株当たりの年利益金額は、「直前期の年利益金額」と「直前期の年利益金額と直前々期の年利益金額の平均額」のいずれか小さい金額を、直前期末の発行済株式総数で除して求めることができます。ここでの年利益金額は、法人税の課税所得金額の中に、非経常的な利益の金額がある場合にはこれを除き、その所得金額の計算上益金に算入されなかった受取配当の金額および繰越欠損金の控除額を加算して求めます。その求めた金額が負数となるときはゼロとします。

・１株当たりの純資産価額は、法人税確定申告書の別表五（一）に記載されている、税務上の簿価純資産額[注]を、直前期末の発行済株式総数で除して求めます。

(注)「利益積立金額及び資本金等の額の計算に関する明細書」の差引翌期首現在利益積立金額の差引合計額欄に記載されている金額

純資産価額（原則的評価方法）

会社の総資産と負債を相続税の評価額に洗い替えて、その評価した総資産の価額から負債や評価差額（含み益）に対する法人税等相当額を差し引いた残りの金額により評価する方法です。小会社にとっての原則的評価方法ですが、大会社や中会社においても、その株式の評価方法として選択することができます。

含み益に対する法人税等相当額（37%）を差し引くのは、会社を清算したと仮定した時、株主が１株あたり手にできる価額を算定しようとするため、会社の資産に含み益があれば、会社清算時に清算所得に対する法人税が課され、その分手取りが減るからです。

なお株式取得者と同族関係者の議決権割合が50%以下の場合は、80/100を乗じます。

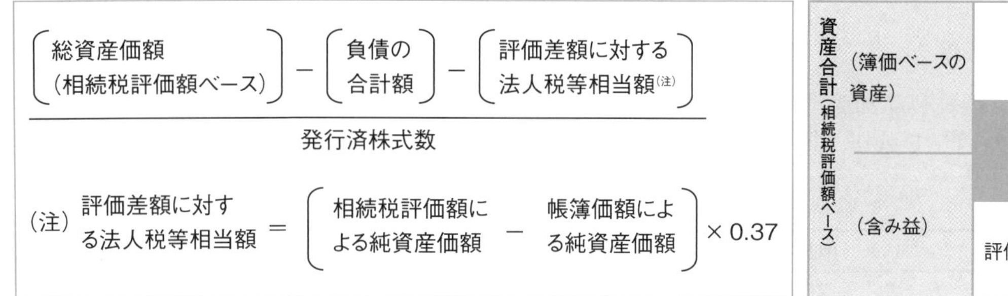

$$\frac{\left(\begin{array}{l}\text{総資産価額}\\\text{(相続税評価額ベース)}\end{array}\right)-\left(\begin{array}{l}\text{負債の}\\\text{合計額}\end{array}\right)-\left(\begin{array}{l}\text{評価差額に対する}\\\text{法人税等相当額}^{(注)}\end{array}\right)}{\text{発行済株式数}}$$

(注) 評価差額に対する法人税等相当額 ＝ （相続税評価額による純資産価額 － 帳簿価額による純資産価額）× 0.37

類似業種比準価額方式と純資産価額方式の併用方式

類似業種比準価額　×　L　＋　純資産価額　×　（1　－　L）　＝　評価額

上記Lの割合（類似業種比準価額のウェイト）は、下表①欄の区分（「純資産価額（帳簿価額）」と「従業員数」とのいずれか下位の区分）と、②欄（取引金額）の区分とのいずれか上位の区分によります。

①直前期末の総資産価額（帳簿価額）及び直前期末以前1年間における従業員数に応ずる区分				②直前期末以前1年間の取引金額に応ずる区分			会社規模とLの割合（中会社）の区分	
総資産価額（帳簿価額）			従業員数[注1]	取引金額				
卸売業	小売・サービス業	卸売業、小売・サービス業以外		卸売業	小売・サービス業	卸売業、小売・サービス業以外		
20億円以上	15億円以上	15億円以上	35人超	30億円以上	20億円以上	15億円以上	大会社	
4億円以上 20億円未満	5億円以上 15億円未満	5億円以上 15億円未満	35人超	7億円以上 30億円未満	5億円以上 20億円未満	4億円以上 15億円未満	0.90	中会社
2億円以上 4億円未満	2億5,000万円以上 5億円未満	2億5,000万円以上 5億円未満	20人超 35人以下	3億5,000万円以上 7億円未満	2億5,000万円以上 5億円未満	2億円以上 4億円未満	0.75	
7,000万円以上 2億円未満	4,000万円以上 2億5,000万円未満	5,000万円以上 2億5,000万円未満	5人超 20人以下	2億円以上 3億5,000万円未満	6,000万円以上 2億5,000万円未満	8,000万円以上 2億円未満	0.60	
7,000万円未満	4,000万円未満	5,000万円未満	5人以下	2億円未満	6,000万円未満	8,000万円未満	小会社[注2]	

（注１）従業員が70人以上の場合は、無条件で大会社に該当

（注２）小会社の場合のLの割合は、0.50となります。

＜評価事例＞

X社（繊維製品卸売業・12月決算）の財産･負債、及び申告所得に関するデータ抜粋は以下の通りであり、課税時期は令和４年12月５日です。

貸借対照表

単位：千円

	(相続評価)	(簿価)		(相続評価)	(簿価)
不動産	700,000	280,000	負債合計	450,000	450,000
投資有価証券	200,000	120,000			
その他の資産	600,000	600,000			
資産合計	1,500,000	1,000,000			

＊会社規模は中の大会社です。（従業員32人、売上26億円）

申告所得に関するデータ

	(直前期)	(直前々期)
資本金等	10,000 千円	10,000 千円
発行済株式総数(自己株式無し)	20,000 株	20,000 株
事業年度中に支払効力の発生した配当金	3,000 千円	3,000 千円
申告所得金額	53,000 千円	36,000 千円
上記のうち非経常的利益	13,000 千円	0 千円
受取配当等の益金不算入額	2,000 千円	1,700 千円
上記に係る源泉税	306 千円	260 千円
繰越欠損金の損金算入額	0 千円	0 千円
別表五(一)の簿価純資産額(期末利益積立金額)	540,000 千円	511,200 千円

$$\text{1株当たりの年配当金額} = \frac{(3{,}000{,}000+3{,}000{,}000) \times 1/2}{10{,}000{,}000 \div 50} = 15\text{円}$$

$$\text{前期1株当たりの年利益金額} = \frac{53{,}000{,}000-13{,}000{,}000+2{,}000{,}000-306{,}000}{10{,}000{,}000 \div 50} = 208\text{円}$$

$$\text{前々期1株当たり年利益金額} = \frac{36{,}000{,}000+1{,}700{,}000-260{,}000}{10{,}000{,}000 \div 50} = 187\text{円}$$

208 ＞　(208+187) /2＝197　∴197

$$\text{1株当たりの純資産価額} = \frac{10{,}000{,}000+540{,}000{,}000}{10{,}000{,}000 \div 50} = 2{,}750\text{円}$$

$$\text{類似業種比準価額} = 351 \times \left(\frac{15/7.4^{(注1)} + 197/34^{(注1)} + 2{,}750/366^{(注1)}}{3} \right)_{(注2)} \times 0.6 = 1{,}074.0_{(注3)}$$

（注１）各要素ごとの比準割合は、小数点以下２位未満切り捨て

（注２）[ ]内の比準割合の平均も、小数点以下２位未満切り捨て

（注３）次頁にある業種目別株価等を用いて類似業種比準価額を計算すると、中分類（番号67繊維・衣服等卸売業）によりも大分類（番号65卸売業）の方がその価額が低いため、大分類を採用

1,074.0 × 500/50 = 10,740 円

類似業種比準価額計算上の業種目及び業種目別株価等（令和4年分）

（単位:円）

業種目（大分類／中分類／小分類）	番号	B 配当金額	C 利益金額	D 純資産金額	A（株価）〔上段：各月の株価、下段：課税時期の属する月以前2年間の平均株価〕令和3年平均	令和4年9月分	令和4年10月分	令和4年11月分	令和4年12月分
卸売業	65	7.4	34	366	354	354	352	364 350	367 351
各種商品卸売業	66	9.4	33	344	255	277	272	296 263	299 266
繊維・衣服等卸売業	67	3.6	7	184	158	131	131	134 148	134 147

一番低い金額

$$純資産価額 = \frac{1{,}500{,}000{,}000-450{,}000{,}000-(1{,}500{,}000{,}000-1{,}000{,}000{,}000)\times 0.37}{20{,}000株}$$

＝ 43,250円

併用価額 ＝ 10,740 × 0.9 + 43,250 × （1−0.9）＝ 13,991円

同族間取引の適正時価

経営者と後継者の間、経営者とグループ会社の間など、同族関係者の間で株式が売買される場合には、その取引価格に留意が必要です。「高すぎる あるいは 安すぎる」とみなされると、思わぬ課税を受けてしまう可能性があるからです。相続や贈与の場合は、財産評価基本通達で計算した額（相続税評価額）が適正な時価となります。売買が行われた場合は、その売買の当事者が法人なら、法人税基本通達（9－1－14）による価額が適正な時価とされ、その売買の当事者が個人である場合は、所得税基本通達（59－6）による価額が適正な時価とされます。

各税法における非上場株式の評価

相続税財産評価基本通達の評価の目的は、相続等により取得された財産のその時点における財産の現況に応じ、不特定多数の当事者間で自由な取引が行われる場合に通常成立する価額（処分価値＝担税力）を算定することにあります。

一方、法人税法の基本通達の算定目的は、資産の評価替えによる評価損益の計上基準として時価を得ようとするものです。また所得税の基本通達の場合は、元はストックオプションなどを権利行使した場合における時価の規定を譲渡の際にも援用しています。

法人税基本通達と所得税基本通達の定めでは、非上場株式の評価は原則として発行法人又はその類似法人の売買実例等によるが、売買実例が無い場合には相続税法の財産評価基本通達178～189－7による純資産価額等を参酌した価額を採用することも、課税上弊害が無い限り認めるとしています。ただし前記のような評価の目的の違いから、法人税法と所得税法では、個人が相続又は贈与によって非

上場株を取得した場合の課税金額を算定するルールに次の修正を加えることとしています。

（１）株価を算定しようとする法人 または株式を譲渡等した個人が、「中心的な同族株主」に該当するときは、その発行法人は「小会社」に該当するものとすること。

（２）その株式の発行会社が、土地（土地の上に存する権利を含む。）または、金融商品取引所に上場されている有価証券(注)を有しているときは、時価（市場価額）により評価すること。

(注) 上場有価証券の市場価額は明確ですが、土地については最近売買が行われていなかったり不動産鑑定評価を行っていない場合には、国税庁の路線価額は時価の８割を目安に決められていることから、当該土地の相続税評価額を算定しこれを0.8で割り返して時価としていたりします。

（３）純資産価額算定にあたり、評価差額に対する法人税等は、控除しないこと。

なお令和２年３月24日の個人が法人に対して非上場株式を譲渡した場合の時価を争点とした最高裁判決を受けて、所得税法59条（みなし譲渡）の規定の適用にあたり所得税基本通達59－6の改正（①、②）及びパブリックコメントに対する国税庁の回答（③、④）という形で以下の４点について通達の明確化が図られています。

① 所定の財産評価基本通達中「取得した株式」を「譲渡又は贈与した株式」、「株式の取得者」を「株式を譲渡又は贈与した個人」、「株式取得後」とあるのは「株式の譲渡又は贈与直前」と読み替える。

売主	買主	適正時価	適正時価以外で売買した場合
個人	個人	相続税評価額	低額譲渡……買主に贈与税課税 高額譲渡……売主に贈与税課税
個人	法人	売主側 ……所得税法上の時価 買主側 ……法人税法上の時価	<低額譲渡> 売主側……時価の1/2未満の場合はみなし譲渡課税 買主側……受贈益課税 <高額譲渡> 売主側……差額について一時所得課税（その法人に在職している場合は給与課税） 買主側……差額につき寄付金扱い（会社役員に対する場合は役員給与の損金不算入扱い）
法人	個人	売主側 ……法人税法上の時価 買主側 ……所得税法上の時価	<低額譲渡> 売主側……差額につき寄付金扱い（会社役員に対する場合は役員給与の損金不算入扱い） 買主側……差額につき一時所得課税（会社在職の場合は給与課税） <高額譲渡> 売主側……差額につき受贈益

② 株式を譲渡又は贈与した個人が当該譲渡又は贈与直前に当該株式の発行会社の「中心的な同族株主」に該当するときは「小会社」に該当するものとする評価する。

③ 発行会社が子会社等の株式等を有しており、その発行会社がその子会社等の中心的な同族株主に該当するときは、類似業種比準価額の計算上乗じる斟酌割合は子会社に該当するものとして0.5を採用する。

④ 発行会社の株式を純資産価額方式で評価する場合に、その発行会社の子会社等の株式を純資産価額方式によって評価するときは、その子会社が有する土地等又は上場有価証券を譲渡又は贈与の時における価額によるものとし、路線価や最終価格の月平均を用いることはできない。

法人税法上の時価及び所得税法上の時価は概ね同額になります

①	前6ヵ月以内に売買実例がある場合	その金額
②	公開途上の株式	入札後の公募価格等を参酌して通常取引されると認められる金額
③	①は無く、類似法人の株価がある	その株価との比準価額
④	上記①～③が無い場合	純資産価額等を参酌して、通常取引されると認められる金額(注) (注) 具体的には次の３要件を満たした上で、財産評価基本通達に定める方法で算定した金額 ⅰ 小会社に該当するものとして評価する。 ⅱ 土地・有価証券は時価で評価する。 ⅲ 評価差額に対する37%控除を行わない。

(2)生前贈与

贈与とは、当事者の一方が無償で自己が所有する財産を相手方に与える意思表示を行い、もう一方がこれを受諾することによって成立する契約です。贈与の目的を限定しない一般的な生前贈与の方法には、従来の暦年贈与と平成15年度税制改正で創設された相続時精算課税制度の２種類があります。相続時精算課税制度は、いわば相続税の前払いをすることによって、財産の移転を生前に行いやすくする制度です。この制度の適用を選択すると、適用以後、生涯で2,500万円までの贈与について贈与税が課されません。そして2,500万円を超える金額については一律20%の贈与税が課されます。その贈与財産は、将来の相続時には贈与時の評価額で持ち戻して（=他の相続財産と合算して）相続税を計算し、先に支払った贈与税は相続税に充当され、又は還付されます。

	暦年贈与	相続時精算課税制度
贈与者	制約なし	60歳以上の父母又は祖父母 住宅取得資金の場合は年齢制限なし
受贈者	制約なし	18歳以上の推定相続人及び孫
非課税枠	基礎控除：年間110万円	基礎控除：年間110万円 （基礎控除は、令和5年度税制改正(注)により創設されます） 特別控除：生涯で2,500万円
税率	10～55%の累進税率(注)	一律20%
メリット	・遺産を減らす効果がある。	・多額の贈与税無しに生前の事業承継を実行できる。 ・収益物件の生前贈与で相続対策ができる。 ・価値が上がる資産を贈与すれば節税になる。
デメリット	・非課税枠が小さい。	・贈与内容が他の相続人に開示される。 ・値下がりすると、相続税が割高になる。但し土地・建物が災害で被害を受けた場合は、贈与時の時価から災害により被害を受けた部分に相当する額を控除した残額 （以下は相続による資産移転との比較） ・小規模宅地等の優遇税制が使えない。 ・物納が出来なくなる。 ・不動産取得税･登録免許税に差がある。

（注）令和５年度税制改正の大綱（令和４年12月23日閣議決定）に基づき記載しています。なお、この改正は、令和６年１月１日以後に贈与により取得する財産に係る相続税に適用されます。

ー生前贈与の上手な利用法ー

近年は景気対策の見地から、金融資産を多く保有している高齢者から消費性向の高い若年層等へ金融資産の移転を進めるため、使い道をある程度限定するなどの各種の贈与税の軽減措置が図られています。これらは後継者だけではなく、後継者以外の相続人への配慮にも利用できます。元々贈与税創設の目的は、相続税逃れを防ぐことでしたから、本則の税率は相続税のそれより高くなっています。しかし円滑な資産承継のためには、軽減措置も含めて贈与を上手く利用することが大切です。

○暦年贈与

<贈与の分岐点以下の贈与>

相続税と贈与税は両方とも親の代から子の代へ、財産が移転する際のコストです。その移転の時期が親の死亡時なら相続税が課され、生前なら贈与税が課されることになります。税率そのものを比較すると、贈与税の方が高くなっています。しかしその税率は超過累進税率と呼ばれ、相続や贈与によって移転する財産が多額なら高い税率になり、移転財産が小額なら低い税率が適用されます。相続が発生してしまうと、「今回は半分だけ相続して」などと移転する財産の額を調節することはできませんが、贈与なら今年どれだけ贈与するかを自分で決めることができます。相続税の概算計算を行って、その家の相続税の実効税率を確認した上で、贈与税負担率（下表）が、相続税の実効税率を下回る範囲で贈与を行えば、相続まで待つより低コストで親の代から子の代へその家の財産を移せたことになります。

●贈与税負担率

直系尊属以外からの贈与

贈与価格	税額	税負担率	贈与価格	税額	税負担率
万円	千円	%	万円	千円	%
150	40	2.6	800	1,510	18.8
200	90	4.5	850	1,710	20.1
250	140	5.6	900	1,910	21.2
300	190	6.3	950	2,110	22.2
350	260	7.4	1,000	2,310	23.1
400	335	8.3	1,500	4,505	30.0
450	430	9.5	2,000	6,950	34.8
500	530	10.6	3,000	11,950	39.8
550	670	12.1	4,000	17,395	43.4
600	820	13.6	5,000	22,895	45.7
650	970	14.9	8,000	39,395	49.2
700	1,120	16.0	10,000	50,395	50.3
750	1,310	17.4	15,000	77,895	51.9

直系尊属からの贈与

贈与価格	税額	税負担率	贈与価格	税額	税負担率
万円	千円	%	万円	千円	%
150	40	2.6	800	1,170	14.6
200	90	4.5	850	1,320	15.5
250	140	5.6	900	1,470	16.3
300	190	6.3	950	1,620	17.0
350	260	7.4	1,000	1,770	17.7
400	335	8.3	1,500	3,660	24.4
450	410	9.1	2,000	5,855	29.2
500	485	9.7	3,000	10,355	34.5
550	580	10.5	4,000	15,300	38.2
600	680	11.3	5,000	20,495	40.9
650	780	12.0	8,000	36,995	46.2
700	880	12.5	10,000	47,995	47.9
750	1,020	13.6	15,000	75,495	50.3

各種贈与税の特例措置の概要

	教育資金の一括贈与	結婚･子育て資金の一括贈与	住宅取得資金贈与
贈与者	直系尊属	直系尊属	直系尊属
受贈者	30歳未満の直系卑属 前年の合計所得 1,000万円以下	18歳以上50歳未満の 直系卑属 前年の合計所得 1,000万円以下	18歳以上の直系卑属 贈与年の合計所得 2,000万円以下
非課税限度額	1,500万円	1,000万円	取得等に係る契約締結日に応じた金額
贈与時期	令和8年3月31日まで	令和7年3月31日まで	令和5年12月31日まで

扶養義務者相互間の生活費・教育費に充てるための贈与のうち、通常必要と認められるものは贈与税不課税

扶養義務者とは…①配偶者、②直系血族及び兄弟姉妹、③家裁の審判を受けて、扶養義務者となった三親等内の親族、④三親等内の親族で生計を一にする者

生活費とは…通常の日常生活を営むのに必要な費用（教育費及び保険金や損害賠償金で補てんされる部分を除く。）

教育費とは…被扶養者（子や孫）の教育上通常必要と認められる学費、教材費等を言い、義務教育に限られません。

<連年贈与と定期贈与>

連年贈与とは、毎年贈与が繰り返されることを言います。定期贈与の方は、毎年一定の金額を贈与することが決まっている贈与のことです。

「Aさんは、気の向いた時に子供に110万円の贈与をしていたら、たまたま10年間続き、10年間で1,100万円の贈与を行った。」これは前者の連年贈与にあたり、基礎控除以下の贈与ですから贈与税が課されることはありません。

一方「Bさんは、子供に1,100万円を110万円ずつに分けて、10年間贈与するとの取り決めに従って生前贈与を行った。」とすると、こちらは後者の定期贈与に該当し、たとえ毎年の贈与額は110万円でも、定期贈与の取り決めを行った年に「定期金に関する権利」の贈与を受けたとして、1,100万円の贈与額全額に対して贈与税を課されてしまいますから、大違いです。

生前贈与を定期贈与とみなされないためには、必ず一回ごとに別々に贈与契約書を作成することや、贈与する時期や金額を少しずつ変えて行うことも有効と思われます。

<贈与の証拠作り>

相続税の調査においてよく問題になるのが、家族名義預金や名義株です。家族名義とされている預金や株式等について、納税者側は「過去に贈与したものである。」と主張しても、贈与契約書や贈与の申告の有無、あるいは配当の授受の実績によって、税務署側は「過去に贈与の事実は無い。単なる名義借りが行われているに過ぎず、実質は被相続人の財産である。」として、相続税の申告の修正を求めて来ることがよくあるのです。このようなトラブルを避けるため、贈与実施に当たっては、次のような贈与の証拠を明確に残しておく必要があります。

- 贈与契約書の作成（場合によっては、確定日付などで贈与日を明確にする）。
- 譲渡制限株式については、譲渡承認申請書と承認書、及び取締役会議事録の整備。
- 株主名簿及び法人税申告書の別表二の変更。
- 配当を支払う場合は、名実共に受贈者へ、受贈者側では配当所得の申告。
- 贈与税の申告。

●贈与税速算表

基礎控除後の課税価格	一般		直系卑属	
	税率	控除額	税率	控除額
200万円以下	10%	0万円	10%	0万円
300万円 〃	15%	10万円	15%	10万円
400万円 〃	20%	25万円		
600万円 〃	30%	65万円	20%	30万円
1,000万円 〃	40%	125万円	30%	90万円
1,500万円 〃	45%	175万円	40%	190万円
3,000万円 〃	50%	250万円	45%	265万円
4,500万円 〃	（3,000万円超）55%	400万円	50%	415万円
4,500万円 超			55%	640万円

○相続時精算課税制度

<選択したほうが良いと思われるケース>

相続時精算課税制度を一度選択すると、二度と通常の暦年贈与制度を利用することはできなくなるため、その選択は慎重に行う必要がありますが、下記のようなケースでは、有効に活用できると思われます。

①元々相続税が課されないケース

遺産の総額が相続税の基礎控除以下である場合には、制度の利用により、財産の移転の時期を自由に設定できます。

②贈与税の納税猶予制度併用ケース

一括贈与する株数が納税猶予の限度株数（一般措置の場合）を超える部分に利用すれば、円滑な事業承継の一助として活用できますし、納税猶予の取り消し事由に該当した場合に税負担を抑える効果も期待できます。

③将来値上がり可能性の高い資産があるケース

相続時精算課税制度を選択した贈与財産の相続税計算への持ち戻しは、贈与時の評価額で行われるため、価値の低いうちに贈与することで相続税の節税が図れます。

④高収益物件があるケース

贈与後の収益は、子の世代に入るため、親の相続財産に蓄積されるのを止めることができます。

⑤相続発生時に紛争が懸念されるケース

後継者に自社株式並びに事業用資産を承継させたいが、親の死亡後、遺産分割協議の成立が危ぶまれる場合には、遺留分の減殺請求に対する留意は必要ですが、生前に相続時精算課税制度を活用して贈与を済ませておくことで、親の意思を明確にして、事業承継を図ることができます。

⑥贈与税の納税猶予が打ち切られ高額の贈与税負担が発生するケース

贈与税の納税猶予制度については、認定が取り消された場合、暦年課税によると高額な贈与税負担が発生する可能性がありますが、この様な場合のリスク回避として活用できます。

暦年贈与と相続時精算課税制度

暦年贈与 ⇔ **受贈者選択** ⇔ **相続時精算課税**(注)

暦年贈与

・基礎控除110万円
・贈与税率10%～55%

相続開始前7年以内の贈与財産のみ相続財産に加算(贈与時の課税価額)(注)

(注)改正による延長された4年間に受けた贈与については総額100万円を控除した残額を加算する

相続時精算課税(注)

・基礎控除110万円
・特別控除2,500万円
・贈与税率20%

この制度適用後のすべての贈与財産を相続財産に加算(贈与時の課税価額から基礎控除110万円を控除した残額)

相続発生

それぞれの加算を行って相続税を計算し、加算した財産について贈与税を支払い済みの場合、相続税に充当しあるいは還付して生涯税金(相続税)の納税完了

<その他適用のポイント>

この特例は、贈与者ごとに管理されるので、母や祖母からの贈与には相続時精算課税制度を選択し、父や祖父からの贈与は通常の暦年贈与として申告することができます。

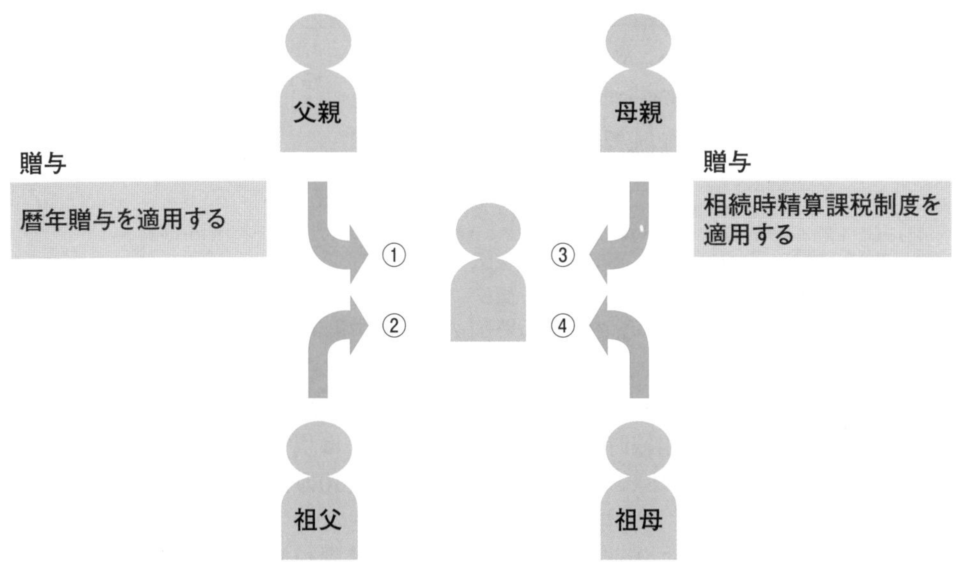

①と②を合わせて基礎控除　110万円
③と④を合わせて基礎控除　110万円(贈与者が複数人いる場合は、贈与額により基礎控除110万円を按分する。)

(注) 令和５年度税制改正により基礎控除が創設され、令和６年１月１日以後に贈与により取得する財産に係る相続税に適用されます。なお、この改正は令和５年度税制改正の大綱に基づき記載しています。

相続税と贈与税の一体化

タイトルの議論は、令和３年度の税制改正大綱で「資産移転の時期の選択に中立的な相続税・贈与税に向けた検討を行う」と提起されました。「資産移転の時期の選択に中立的な」とは、資産移転の時期（回数・金額含む）にかかわらず、納税者にとって生前贈与と相続を通じた資産の総額に係る税負担が一定となることを言うものとされています。

［背景］

わが国では、経済のストック化と高齢化進行により、相続による資産移転の時期がより高齢期にシフトしており、高齢世代が保有する資産をより早いタイミングで若年世代に移転させ、その有効活用を通じて経済を活性化させたいという政策目的があります。

贈与に関しては、贈与税は相続税よりも重い累進構造を採用していますが、この累進構造に着目して分割贈与や連年贈与を進めることで、富裕層の税負担が過少となる側面も問題視されています。

［相続・贈与に関する税制の国際比較］

欧米ではすべて又は一定期間の生前贈与を相続税の課税体系に取り込んでおり、資産移転の時期の選択に中立的であるとされています。

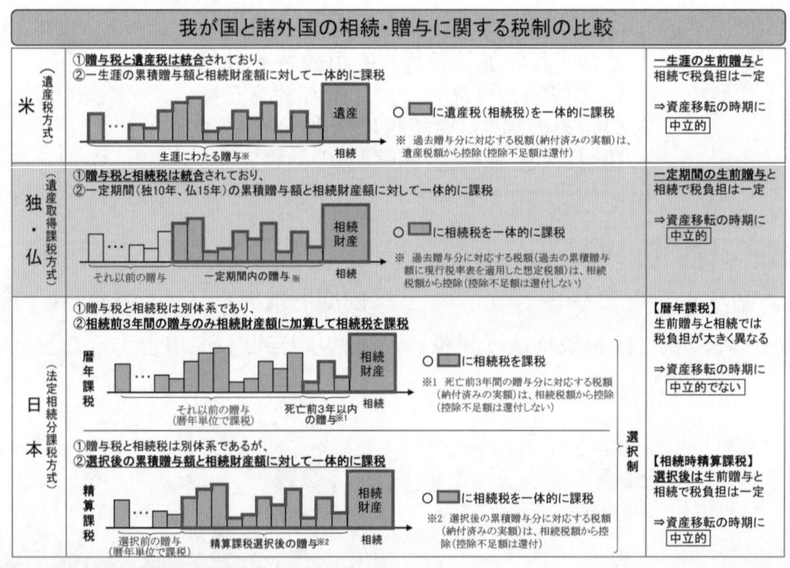

（出典）2020年度 第４回 税制調査会（2020年11月13日）
資料「〔総-4-2〕説明資料〔資産移転の時期の選択に中立的な税制の構築等について〕令和２年11月13日（金）財務省」26頁

［令和５年度税制改正大綱の発表］

日本中で「生前贈与はできなくなる？」「米国のように生涯の贈与を相続財産に加算？」等々の推測がされましたが、結局暦年贈与制度は残り、生前贈与加算が７年に延びます。その延長された４年間の生前贈与については４年間総額で100万円を控除した残額が遺産に加算されます。また相続時精算課税制度については現行の基礎控除とは別枠で110万円の基礎控除が認められることになりました。この110万円は申告不要でさらに遺産への加算も必要ありません。とすると毎年110万円程度の贈与を実施する納税者にとっては、加算のある暦年贈与より、加算の無い相続時精算課税制度の方が有利になります。また生前贈与加算の対象者拡大も見送られましたので、富裕層で何人もの孫やひ孫に110万円を贈与し続けて財産の圧縮を図る相続対策も有効なままです。今回の改正が相続税・贈与税の一体化のための抜本改革といえるのか疑問が残ります。

6. 相続関連コストの圧縮

(1) 株価引き下げ対策

評価額が高くなっている非上場株式を複数並べてみても、株価の高い原因はみな同じではありません。腹痛を起こしている人が、頭痛薬を飲んでも意味が無いように、対策なら何でもよいわけではありません。まず自社株式を評価してみて、何故、自社の株価が高いのかという原因分析を正確に行うことからスタートです。そして、その株価を押し上げている原因に適切な手を打ってこそ効果が望めます。しかし課税時期直前に株式保有特定会社又は土地保有特定会社に判定されることを免れるためだけに評価会社の資産構成を変動させたと、課税当局に判断された場合にはその変動はなかったものとして判定するとされていますので、会社方針にそった経営判断等資産構成移動の合理的な理由も説明できるようにする必要があります。

特定の評価会社を回避する

◇株式保有特定会社から一般会社へ

株式保有特定会社とは、次の要件に該当する会社です。

B/S

株式等の価額①	①＋②
株式等以外の財産の価額②	

該当要件
$\frac{①}{①+②} \geqq 50\%$

株式保有特定会社は、総資産のうちに占める株式等の割合が大きいため、その株式等の価値で会社の財産的価値を算定すべきとされ、純資産価額で評価されます。ただし株式等の評価S２と株式等以外の部分の評価S１にわけて評価する「S１＋S２方式」とよばれる方法を選択することもできます。S２の部分は純資産価額方式で評価し、S１の部分は一般の評価会社に準じて評価します。すなわち会社規模に応じて類似業種比準価額方式と純資産価額方式を併用して評価します。しかしこの「S１＋S２方式」によっても、一般会社の評価に比べ高い評価額となる場合が多くなっています。

— 対策 —

①株式保有特定会社に賃貸不動産を取得させて、株式等の総資産に占める割合をうすめる。

②グループの金融会社機能を担わせることにより、借入金（銀行等から）と貸付金（グループ会社へ）の資産・負債を両建てで増やし、総資産を大きくする。

③持株会社を他の財産（不動産など）保有会社と合併させる。

④資産の譲り受けで総資産を増やす。

◇土地保有特定会社から一般会社へ

土地保有特定会社とは、次の要件に該当する会社です。

B/S

土地と土地の上に存する権利（土地等）の価額①	①＋②
土地等以外の財産の価額②	

会社の区分	該当要件
大会社	$\frac{①}{①+②}$ ≧ 70%
中会社	$\frac{①}{①+②}$ ≧ 90%
小会社	$\frac{①}{①+②}$ ≧ 70% 注(a) ≧ 90% 注(b)

（注）小会社の場合には次のように、総資産価額によって会社規模を分けています。下表のいずれにも該当しない小会社は、土地保有特定会社の判定は不要とされます。

	総資産価額		
	卸売業	小売・サービス業	卸売業、小売・サービス業以外
注(a)の小会社	20億円以上	10億円以上	10億円以上
注(b)の小会社	7,000万円以上 20億円未満	4,000万円以上 10億円未満	5,000万円以上 10億円未満

土地保有特定会社は、会社の総資産に占める土地等の財産の価額が、「会社の値打ち」イコール「土地の値打ち」と言えるほど大きいので、純資産価額方式での評価額算定を要請される会社です。

— 対 策 —

①ビル建設等、土地以外の資産を取得する。

②土地を現物出資して子会社を設立し、土地から株式へ資産構成を変更する。

◇比準要素が1つしか無い会社

比準３要素中、２以上が０である会社を、「比準要素１の会社」といい、このような会社は原則として純資産価額方式によって評価します。ただし、比準要素１の会社に該当している場合でも、納税義務者の選択により、Lの割合0.25とした類似業種比準価額と純資産価額の併用方式により計算した評価額によることもできます。

— 対 策 —

配当の実施や益出し等を検討する。

◇会社の区分を変更する

会社の規模区分は、直近事業年度の従業員数、取引金額（売上高）、総資産価額によって決まります。

会社の規模が大きいほど株式評価に類似業種比準価額の占める割合が大きくなりますが、中小企業の場合は、純資産額価額の方が類似業種比準価額より高くなる傾向がありますので、会社の規模を大きくすることで、評価額を引き下げる効果を期待できます。

ただし、斟酌率による減額は、小会社の方が大きいので、会社規模のランクダウンが評価額の引き下げにつながることも無いわけではありません。

— 対 策 —

①増資、合併、事業譲渡（事業譲受）等により、大会社へのランクアップを図る。

②関係会社間で人材派遣、出向などが発生している場合は、正しく有利な所属（人数のカウント）になるような整理をする。

類似業種比準価額の引き下げ

◇業種区分の変更

— 対 策 —

２以上の業種を兼業している会社の区分は、総収入のうち50%以上を占める業種により判断され、そのような業種が無い場合には、全体の取引金額に占める業種目別の取引金額の割合により判定します。兼業構成比等の変化を捉え、有利に評価できているかの確認を怠らないようにします。

◇配当金をコントロール

— 対 策 —

配当比率を引き下げる。あるいは、記念配当や特別配当は、評価額の計算要素から除外できるので、たとえば毎年の配当に代えて５年に一度の特別配当を活用します。ただし、他の２要素に0がある場合は、配当を実施した方が評価額が低くなる場合があります。

◇利益金額の引き下げ

— 対 策 —

①高収益部門を会社分割により切離す。あるいは、後継者の会社へ譲渡する。

②含み損のある有価証券、ゴルフ会員権、遊休不動産などを売却して、損出しする。

③オペレーティング・リースの利用

④役員退職金の支払い

⑤不良債権の切捨て

⑥棚卸資産の減耗損、固定資産の除却損、繰延資産の一時償却などB/Sのスリム化

⑦損金性の高い保険の利用

⑧役員報酬の増額

⑨未払い給料の日割り計上など、負債を漏らさず計上する

⑩短期前払費用の損金処理　　　　等々

◇類似業種比準価額引き下げ対策の効果

P 90のX社が、他の条件は変わらないものとして下記の対策を講じた場合の株価は各々次のように変わります。

<table>
<tr><td>対策1</td><td>配当の支払いを２期休み
オーナーへ退職金53,000,000円以上を支払い、申告所得を０円に(注)</td></tr>
<tr><td>効果</td><td>＊１株当たりの年配当金額
$$\frac{(0+0)\times 1/2}{10{,}000{,}000\div 50} < 2.5円 \quad ∴2.5円$$
＊直前期１株当たりの年利益金額
$$\frac{0-13{,}000{,}000+2{,}000{,}000-306{,}000}{10{,}000{,}000\div 50} < 0円 \quad ∴0円$$
＊類似業種比準価額
$$351\times\frac{(2.5/7.4+0/34+2{,}750/366)}{3}\times 0.6=549.6円$$
$$549.6\times 500/50=5{,}496円$$
＊純資産価額との併用価額
$$5{,}496\times 0.9+43{,}250\times(1-0.9)=9{,}271円$$</td></tr>
<tr><td>対策２</td><td>対策１を実施した上で、更に従業員を35人超に増員して、会社規模を大会社にする。</td></tr>
<tr><td>効果</td><td>純資産価額との併用の必要がなくなるので、類似業種比準価額の5,496円がそのまま相続税評価額になります。</td></tr>
</table>

(注)直前期末の２要素（配当、利益）がゼロですが、直前々期末の３要素ともプラスのため、比準要素が１つしか無い会社（P102）には、該当しません。

◇簿価純資産価額の引き下げ

類似業種比準価額の算定基礎となる純資産価額は、税務上の簿価純資産額が用いられます。これを引き下げる為には、前記の利益金額の引き下げ策を実施することで、利益留保が抑えられ、同時に引き下げ効果が得られます。

また、利益積立金の取り崩しによる配当の支払いや、分割型分割を実施して分割承継法人へ資本金等及び利益積立金を移動させても、純資産を減らすことができます。ただし、配当の支払いについては配当所得に対する課税がありますし、分割型分割による純資産の移動の場合には、一方の承継法人の純資産を増加させてしまうので、実施に際しては、どちらが有利なのか、確認する必要があります。

純資産価額の引き下げ

類似業種比準価額の算定基礎となる純資産価額は、簿価純資産ですが、こちらは時価（相続税評価額）を基に算出します。

— 対 策 —

①不動産の取得
②会社分割
③役員退職金の支払い
④非上場株式の取得
⑤債務超過グループ会社の合併　　等々

(2)従業員持株会の導入

従業員持株会とは

従業員が自社株式を取得・保有することを推奨するために組織化された制度です。具体的には、持株会に加入した従業員は有利な条件で自社株式を取得し、在職中は配当を受け取り、退職時には持株会によって持株を買い取ってもらうというシステムです。

従業員持株会の設立目的は、従業員の財産形成に資することで、福利厚生の増進を図りさらには、経営参加意識やモチベーションの向上を図ることです。

事業承継と従業員持株会

オーナー経営者の自社株財産額は、（1株当たり評価額×所有数量）ですから、自社株式をどこかに移転して数量を減らせば、自社株式の財産価額は減少します。ただその「移転先」が、問題です。

外部の第三者への譲渡は経営権を危うくするリスクがありますから、まず考えられません。後継者やその家族が一番望ましいのですが、価値のある財産を移転するので税金の問題が発生します。対価を受け取らず又は時価より低い価額で後継者に渡せば、贈与税がかかります。適正な時価で売買するとしても、現経営者（売主）側では株式の譲渡所得税が発生し、後継者（買主）側では買い取り資金を工面しなければなりません。

そこで「移転先候補」として従業員持株会ならどうでしょう？　従業員は少数株主ですからオーナー一族に譲渡する場合よりも相当低い価額（配当還元価額等）で譲渡することができます。つまりオーナーの譲渡所得税負担が、ずいぶん軽微ですむわけです。従業員側も、金利の良い預金と同じようなものと考えれば、それほど大きな負担感は無いはずです。奨励金などの便宜が付与されている場合には、もっと参加しやすいと思われます。経営権に影響を与えない程度の数量を持株会へ移転した場合には、経営を不安定にする心配の無い安定株主となってくれることを期待できますので、その活用が増えています。

<オーナーが、原則評価額(注) 600,000円（配当還元価額60,000円）の自社株式1,000株を、配当還元価額で従業員持株会に譲渡した場合>

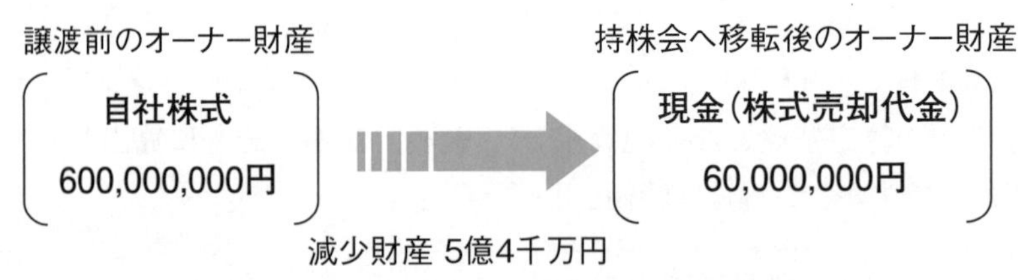

(注) 原則的評価方法による評価額（P88）参照

従業員持株会運営のポイント

【持株会の組織】

従業員持株会のほとんどは、「民法上の組合」として運営されています。民法上の組合は、法人格を有しませんので、持株会自体が株式の所有名義人になることはできません。そこで、従業員持株会の会員は、従業員持株会の株式をその理事長に信託することになり、受託者である理事長は従業員持株会の株式を一括して管理し、各会員の利益を代表して持株会の管理・運営を行うことになります。

【持株会に移動する株数】

従業員持株会は、安定株主を期待して設立されますが、一方で従業員は株主として種々の権利を有することになります。また、会社にとって重要な特別決議を通すには、経営者が2/3の議決権を押さえていることが必要なので、普通株式なら20%以内、議決権制限株式にして渡す場合は30%以内が望ましいでしょう。

【従業員の退職時】

株式分散リスクを避ける為、規約上で退会時には持株会に譲渡すべきものと定めておきます。その時の買い取り価格については、「配当還元価額を参考にして毎期首に理事会において定める」などの規約が一般的です。ただし、当該規約の有効性についての争いも過去にありましたので、更に慎重を期して、従業員持株会への放出株を取得条項付種類株式にすれば万全です。

【議決権】

自社株式を所有する意味は、オーナーにとっては議決権を行使する権利（共益権）がもっとも重要ですが、従業員が自社株式を所有する場合には、経営に参加することよりも安定的な配当収入を得ることの方が優先順位は高いものと思われます。ですから、配当を優先する代わりに議決権を制限する、あるいは、完全無議決権株にするのも、合理的なやり方です。

【会員資格】

その会社の従業員及び子会社等の従業員とするのが一般的です。「勤続○年以上の者とする」など、ある程度会社にとって必要な従業員を選別するような条件は定められますが、性別等の不合理な差別による制限はできません。

【その他の留意点】

募集売出しの価額等によっては、有価証券通知書や有価証券届出書の提出義務があります。

●従業員持株会のメリットとデメリット

会社のメリット	①安定株主確保 会社にとって好ましくない外部株主が存在すると経営が不安定になってしまいますが、従業員にとっては会社の発展が望ましいことなので、安定株主の確保を期待できます。
	②株式の社外流出防止 従業員持株会規約を整備することで、従業員の会社退職に際しても、自社株式の外部流出を防ぐことができます。
	③株主を一括管理 従業員持株会の組織を民法上の組合とすることにより、会社は従業員持株会を株主一人として取り扱うことができるので、従業員株主を個別に管理する手間が省けます。
	④従業員のモチベーションアップ 従業員が株主となることで、会社経営に関心が高まり、会社の利益を増大させようとする意識付けになります。その結果、従業員の勤労意欲が増大するとともに、会社経営への参加意識向上を期待できます。
従業員のメリット	①財産形成 銀行預金を上回る投資効果を期待できます。福利厚生として、奨励金制度がある場合には、さらに財産形成に役立ちます。
	②キャピタルゲイン効果 会社が株式を公開した場合に、大きなキャピタルゲインを得られる可能性があります。
	③経営情報取得 株主として、会社の経営情報を知ることができます。
経営者のメリット	①相続税低減 オーナー経営者が所有する自社株式を、一般的に原則評価額よりかなり低い配当還元価額で、従業員持株会へ移転させることで、相続税評価額の引き下げを図ることができます。

会社のデメリット	①経営支配権への影響 株主総会が会社の最高意思決定機関ですから、従業員持株会が持つことになる議決権数によっては、オーナーの経営支配権に影響を与えることもあり得ます。
	②持株会の運営上の問題 公正な運営、並びに、適正な配当が実施されない場合には、従業員から不満が出るおそれがあります。また持株会への参加希望自体が無くなることもあり得ます。
	③退会者所有分の買取り資金 一度に多数の退会者が生じた場合に、受け皿となるための買取り資金の準備が困難となる場合があります。
	④既存の従業員株主対策 従業員持株会設立前からの従業員株主が存在する場合に、持株会への参加交渉に困難が生ずることがあります。
従業員のデメリット	①仕事と蓄えを一度に無くすリスク 会社が倒産すると、仕事と資産を一度に失うことになってしまいます。
	②換金性 売買市場が無い為、直ちに換金することができません。
	③キャピタルゲイン無し 会社が上場しない場合には、会社が一定の成長を遂げていても、大きなキャピタルゲインを期待できません。
経営者のデメリット	①配当収入減 オーナー経営者は、所有株数の減少に伴い、配当収入も減少します。

●課税関係

オーナー経営者	株放出時	譲渡所得課税　譲渡益×20.315%（復興特別所得税含む）
従業員	奨励金	給与課税
	配当金	配当所得として申告、ただし少額配当の申告不要制度あります。
	低額譲受	配当還元価額>取得価額の場合には、差額に贈与課税あります。

(3) DES（債務の株式化）の活用

貸付金の評価と問題点

会社が資金繰り上必要な時、オーナー経営者から資金を借り入れる場合があります。これをオーナー経営者側から見ると、自社に対する貸付金を保有していることになります。

相続において、この貸付金等の債権は、原則として元本の価額（及び既経過利息）として評価されます。

ただし、貸付債権の評価を行う場合に、その回収が不可能又は著しく困難であると見込まれるときには、回収不能見込額を元本の価額から減額することとされています。しかしながら、回収が極めて困難であることの要件は厳格に捉えられており、債務者である会社が単に債務超過の状態に陥っているなど当面返済の目途が立っていないという程度の場合には、元本の価額で評価する必要があります。

つまり、回収見込みの乏しい債権も額面評価され、その金額のまま相続財産として課税対象となってしまうのです。

貸付金債権の評価額 = 元本の価額 + 既経過利息の価額

相続財産の圧縮対策

○債権放棄

換金価値の乏しい債権が相続財産に含まれる問題点を解決するための対応策として、オーナーが会社に対して債権を放棄する方法があります。

債権放棄による債権消滅損失は、所得税法上、給与所得などの他の所得との相殺は認められていません。債権者から見れば単に債権が「消滅」するだけであり、何の対価も得られず、所得税面における恩典もないこともあって、やや抵抗感を持たれる処理方法といえます。

なお、債務超過の会社が債権放棄（会社にとっては債務免除）によって資産超過に転じる場合、自社の株式の価値がゼロからプラスに転じます。そのため、債権放棄を行う債権者から他の株主に対して贈与があったとみなされる可能性があり、注意が必要です（みなし贈与）。

債権放棄前
（債務超過△20）

株主	保有比率	株価
A	60%	0
B	30%	0
C	10%	0

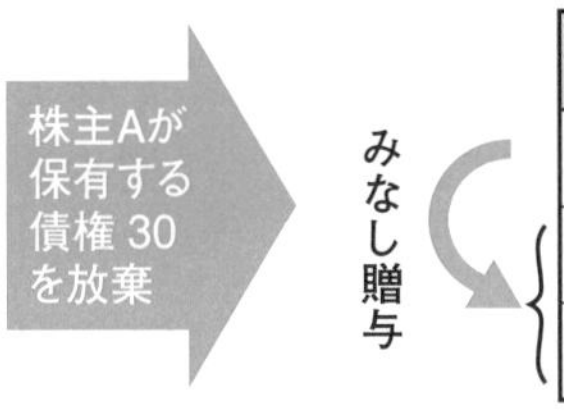

→ 株主Aが保有する債権 30 を放棄

債権放棄後
（純資産 10）

株主	保有比率	株価
A	60%	6
B	30%	3
C	10%	1

みなし贈与（A → B・C）

○DESの活用

①債権の現物出資

DES（Debt Equity Swap）は「債務の株式化」ともいわれ、借入金を資本金に振り替える（債権者から見ると、貸付金を株式に振り替える）ことをいいます。DESは通常、債権者がその貸付金等の債権を会社に現物出資し、その対価として株式を取得する方法によって行われます。現物出資方式のDESによる場合、会社法の施行によって、原則として検査役の調査は不要とされ、従来よりも利用が容易になっています。

債務超過の状態となっている会社に対してDESを行うと、債権額面で評価される「貸付金」が、会社の財務内容によって影響を受ける「株式」に転換されることで、相続財産の評価額が減額される可能性が高まります。

また、DESによって債務超過が解消され、株式の価値が上昇する場合のみなし贈与の取扱いは債権放棄の場合と同様ですが、DESの株式の割り当てを公正な価額で行えば、みなし贈与課税を回避することができます。

●資産超過の会社のケース

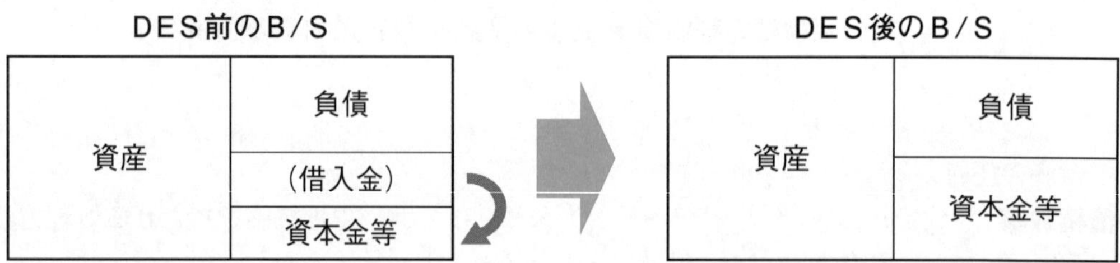

●債務超過の会社のケース

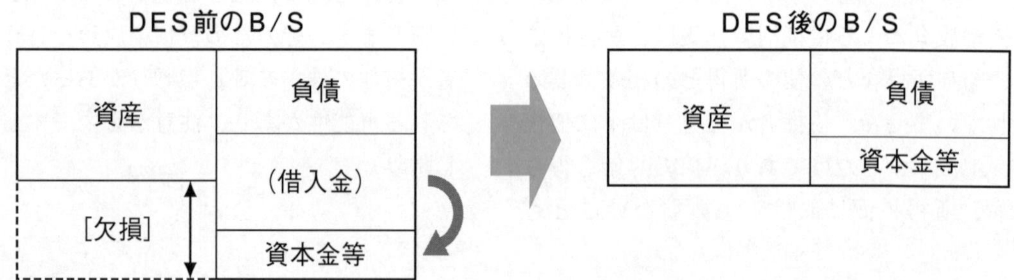

②100%減資

会社が債務超過である場合、DESによる増資を行う際に100%減資を同時に行うことも考えられます。100%減資においては会社が発行する株式の全部が消却されるわけですが、通常は、「全部取得条項付種類株式」（P46参照）といわれる種類株式を用いて行います。

会社に複数の株主がいる場合、既存の株主は一旦すべてリセットされます。そのため、DES後は債権の現物出資をした債権者だけが株主となり、今後の増資等の資本政策や事業承継対策が進めやすくなります。

なお、100%減資を行うことにより、既存の株主には株式の譲渡損失が発生します。ただし、個人株主については、株式譲渡損は株式譲渡益以外の所得と相殺することはできません。

法人側における取扱い

○財務内容の改善

債権放棄とDESのいずれの方法によっても、借入金が減少すると同時に純資産が増加します。そのため、自己資本比率が上昇し、財務内容の見た目が改善して与信力が向上することが期待されます。

○債権放棄の場合

会社が借入金について債権放棄（債務免除）を受けると債務免除益が計上され、課税対象となります。とはいえ、通常は債務超過の状態において行われるものと想定されるため、特段の課税上の問題は発生しません。

ただし、税務上の繰越欠損金は、原則として事業年度開始の日前10年以内（平成30年３月31日以前開始事業年度発生分は９年以内）に開始した事業年度に限り、損金算入が認められています。

つまり、貸借対照表の表面上は債務超過であっても、繰越欠損金の時効は原則として９年であるため、期限切れの繰越欠損金がある場合には、債務免除益に対応して欠損金の相殺を行うことができず、相殺できない部分について課税が発生してしまう可能性があります。

なお、中小法人等（資本金１億円以下等）以外の法人の繰越欠損金の控除限度額は、平成30年４月１日以後開始事業年度についてその年度の所得の金額の50％相当額とされています。そのため、債務免除益を上回る繰越欠損金を有していても、債務免除益の一部について欠損金の相殺を行うことができず、やはり相殺できない部分について課税が発生することになります。

○DESの場合

DESは借入金を資本に振り替えるものですから、債務額面のまま振り替えることができれば特段の課税関係は発生しません。この点について、平成18年度税制改正において、増資額は債権の時価とする旨が明確化されました（適格現物出資の場合を除く）。

したがって、債務超過の会社においてDESを行う場合、債権の時価相当額は債権額面を下回ると考えられるため、その差額について債務免除益が発生することになります。

この債務免除益は課税対象となるため、繰越欠損金を有する場合には相殺可能である一方、欠損金の一部又は全部が期限切れとなっている場合には課税が発生する可能性があります。ただし、法人税法59条により、会社更生法、民事再生法その他これに準ずる一定の場合（破産法の規定による破産や会社法の規定による特別清算など）には、例外として、期限切れ欠損金を債務免除益に充当することが認められています。

なお、DESによって資本金等の額が増加する場合、法人住民税の均等割額が増加する可

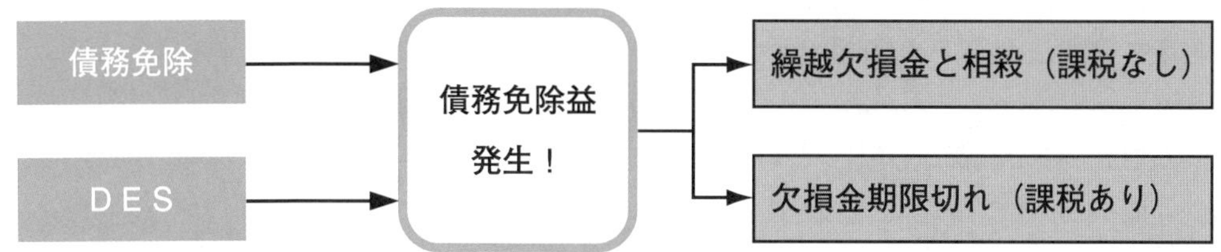

能性があります。また、資本金の額が１億円を超えると法人事業税について外形標準課税の適用対象となります。これに対する対応としては、無償減資によって資本金を減少させることが考えられますが、「資本金」は減少しても税務上の「資本金等の額」は原則として減少せず、均等割の額には影響がありませんので注意が必要です。

ただし、平成27年度税制改正により、均等割の税率区分の基準となる資本金等の額について減算が認められる場合があります。具体的には、（平成18年５月１日以後に）欠損填補によって資本金や資本準備金の額を減資した場合（資本金の額又は資本準備金の額を減少し、その他資本剰余金として計上してから１年以内に損失の填補に充てた金額に限ります）、その損失の填補に充てた金額は資本金等の額から減算されることとなっています（平成13年４月１日以後に無償減資による欠損填補をした場合も同様です）。

一方、DESを行う債権者個人において、金銭債権は譲渡所得の基因となる資産に該当しないため、取得した株式の時価と債権額面との差額に係る損失について損益通算を行うことはできません。

○擬似DES

このようにDESは債権の現物出資という方法によって行われることが一般的ですが、債務者側では債務免除益に対する課税が課題となります。そこで、債権者が金銭払込みによる増資を行った後で、債務者が債権者に債務を弁済する方法がとられる場合があります。

この方法は一般に「擬似DES」といわれ、DESと同様の効果を得ることができる一方、あくまで現物出資ではなく金銭出資であるため、原則として債務免除益に対する債務免除益は発生しないと考えられます。

ただし、経済合理性のない租税回避のみを目的とした擬似DESなどは、同族会社の行為計算の否認等の適用を受けるリスクがあるため、実行にあたっては慎重な検討が必要です。

また、疑似DESを行うと、債務の解消によって株価が上昇する（ゼロからプラスに）ケースもあります。そのような場合には、疑似DESを引き受けたオーナーから他の株主への値上がり益相当分の贈与があったとみなされて贈与税の課税対象となります（みなし贈与）。

そのため、疑似DESを行う前に他の株主の株式を買い集め、みなし贈与の問題が生じないような株主構成（＝１人株主の状態）に整理してから実行することも多いようです。

両者の選択方法

債権放棄とDESは、いずれも相続財産を回収可能額以上に評価されてしまう問題点を回避するために有効ですが、他の株主との関係や会社側から見ると両者は一長一短です。

一般的には繰越欠損金の範囲内でまずオーナーが債権放棄を行い、その後に減資及びDESを検討していくのが簡便で自然な流れといえるでしょう。

(4) 相続税と贈与税の納税猶予制度

納税猶予制度の経緯

中小企業の事業承継を困難にする課題のうち、相続税負担に関する措置として相続税の納税猶予制度（平成20年10月１日適用）と贈与税の納税猶予制度（平成21年４月１日適用）が創設されていましたが、この制度は手続きの煩雑さや、適用上の一定のリスクが妨げとなり、あまり利用が伸びませんでした。

しかし、経営者の高齢化が急速に進み、これを放置すると10年間で約650万人の雇用と約22兆円のGDPが失われるとの試算までされるに至り、平成30年度税制改正で、これまでの制度の入り口要件を大幅に緩和し、適用上のリスクを軽減した事業承継の特例措置を時限的に創設しました。旧制度(「一般措置」という）は、廃止されるわけでは無くそのまま存続し、新制度（「特例措置」という）との選択適用をすることになります。

納税猶予制度の概要

納税猶予制度が目指すのは、先代が元気なうちに後継者に会社の経営を任せても、多額の贈与税がかかってしまっては自社株を後継者に譲ることが困難です。そこで贈与税の納税猶予制度を利用します。適用要件を満たせばその株式贈与にかかる贈与税（一般措置では数量限度規定あり）の納税が全額猶予されます。後継者へ早い時期に株式を承継させ、安定した経営者の地位につかせることが可能になります。

そして、その猶予された贈与税は、先代経営者が亡くなった時にその納付が免除され、先に贈与された自社株式は、先代から相続したものとみなされて相続税の課税対象になります(評価額は贈与時点の価額になります)。

ここで今度は、相続税の納税猶予制度の規定の適用を受けると、自社株式にかかる相続税のうち一般措置では80％に対応する部分の納税が猶予され、特例措置では全額の納税が猶予されます。

一般措置で猶予された80％部分の相続税は、一定の条件の下、その株式の保有を続ければ、後継者が亡くなったとき、あるいは次の代の後継者に、贈与税の納税猶予制度を適用して贈与したときに、免除されます。特例措置で猶予された相続税は後継者が亡くなったとき等に免除されます。

この様に、贈与税の納税猶予制度と相続税の納税猶予制度を、組み合わせて利用すれば、一般措置では相続発生時に２割の相続税負担をするだけで自社株を承継でき、特例措置なら少なくとも一代の承継コストは０円で済むというものです。

医療法人・個人事業主

一般法人以外でも平成26年には、医療法人の持分についての相続税の納税猶予制度が設けられています。この制度は、持分を放棄して持分無し医療法人に移行する計画中等に相続が発生した場合に、移行計画の認定の日から３年以内（令和５年度税制改正により５年以内に延長）に所定の要件を満たして移行を完遂することを条件に、相続税の納税を猶予し、移行後に猶予税額を免除するというものです。

また平成31年（2019年）１月１日から令和10年（2028年）12月31日までの時限措置として、個人事業者の事業用資産に係る納税猶予制度も創設されています。認定相続人または受贈者が、青色申告の承認をうけていた個人事業者から、相続等または贈与によりその事業の用に供されていた「特定事業用資産」を取得し、その事業を継続していく場合には、その「特定事業用資産」に対応する相続税または贈与税の全額の納税を猶予し、認定相続人または受贈者が死亡したとき等一定の場合に猶予税額の全部または一部を免除するものです。

特例措置と一般措置の比較

◆入口要件の緩和

改正点	一般措置	特例措置
対象株式	発行済株式総数の2/3まで	取得したすべての株式
納税猶予割合	贈与：対象株式に係る贈与税の全額 相続：対象株式に係る相続税の80％	贈与：対象株式に係る贈与税の全額 相続：対象株式に係る相続税の全額

◆承継パターンの拡大

改正点	一般措置	特例措置
先代経営者	先代経営者を含む複数の株主 （平成30年度税制改正前は「先代経営者」のみ）	先代経営者を含む複数の株主
後継者	一人の後継者	特例承継計画に記載された議決権保有割合10％以上である上位3人までの特例後継者

◆適用後のリスクの軽減

改正点	一般措置	特例措置
雇用確保要件	承継後５年間の雇用平均が８割未達の場合は、利子税も併せて猶予税額を全額納付	承継後５年間の雇用平均が８割未達でも猶予継続 （注）５年平均８割を満たせなかった場合には理由報告が必要。経営悪化等が原因である場合には、認定支援機関による指導助言も必要。
譲渡・解散等による猶予税額の納付	経営承継期間内（５年）の場合は、猶予税額を全額納付 同期間経過後の場合は、一部又は全額納付	経営承継期間（５年）経過後において、経営環境の変化（悪化）への対応等、一定の要件を満たす場合は、税額を再計算して一定の減免措置を適用
相続時精算課税制度の適用対象者拡大	後継者が贈与者の子（推定相続人）・孫である場合に適用可	特例後継者が贈与者の子・孫以外でも適用可

●一般措置のながれ

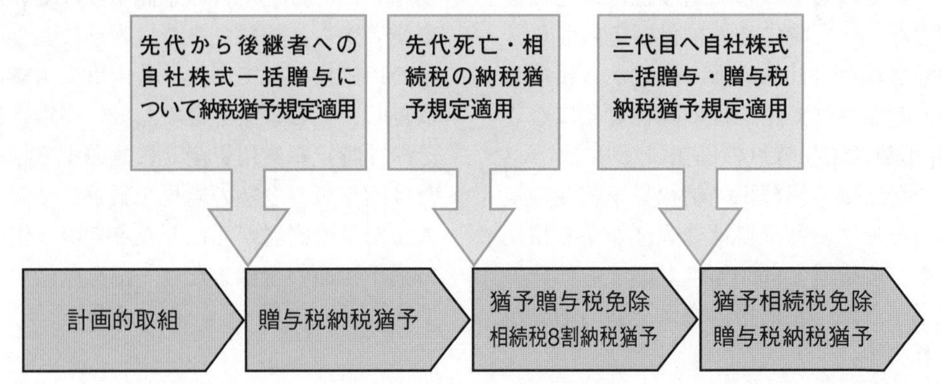

一般措置における贈与税の納税猶予制度の主な適用要件

①計画的取組	計画的な承継に係る取り組みは要件ではないが、任意に都道府県知事の確認を受けることは可能
②対象会社	中小企業基本法の対象会社であること（注1）
	非上場会社であること
	風俗営業会社に該当しないこと
	資産保有型会社及び資産運用型会社のいずれにも該当しないこと（注2）
③贈与者 （先代経営者）	会社の代表者を有していたこと
	贈与時に会社の代表権を有していないこと
	贈与の直前において、贈与者及びその同族関係者で総議決権数の50%超の議決権数を保有し、かつ、後継者を除いた同族関係者の中で最も多くの議決権数を保有していたこと
④受贈者 （後継者）	贈与時に会社の代表権を有していること
	贈与時に18歳以上であること
	贈与時に役員の就任から３年以上を経過していること
	贈与時に、後継者及びその同族関係者で総議決権数の50%超の議決権数を保有することになり、かつ、その同族関係者の中で最も多くの議決権数を保有することになること
⑤対象株式数	次のⅰ又はⅱの区分に応じた株式数 ⅰ.〔a+b ≧ 発行済株式の総数×2/3〕の場合 …〔発行済株式の総数×2/3－b〕以上の株式数 ⅱ.〔a+b ＜ 発行済株式の総数×2/3〕の場合 …aの全ての株式数 a：贈与の直前において先代経営者が有していた株式数 b：　〃　後継者が有していた株式数
⑥経営贈与承継期間 （５年）の要件	後継者が代表権を有すること
	適用を受けた株式の継続保有
	会社が資産保有型会社及び資産運用型会社のいずれにも該当しないこと（経営（贈与）承継期間の経過後も同じ）
	常時使用従業員数の平均が８割以上（雇用確保要件）（注3）
⑦猶予税額の免除	次のいずれかに該当した場合 ⅰ　先代経営者が死亡した場合 ⅱ　後継者が死亡した場合 ⅲ　経営（贈与）承継期間内において、やむを得ない理由により会社の代表権を有しなくなった日以後に、この制度に係る贈与（以下「免除対象贈与」）を行った場合 ⅳ　経営（贈与）承継期間経過後に免除対象贈与を行った場合 ⅴ　経営（贈与）承継期間経過後に破産等があった場合

⑧猶予税額の納付	経営（贈与）承継期間内に、この制度の適用を受けた株式を譲渡等した場合等一定の場合（雇用確保要件の未充足を含む）には、猶予税額の全額に利子税を併せて納付
	経営（贈与）承継期間経過後に、この制度の適用を受けた株式を譲渡等した場合には、譲渡等をした株式に対応する猶予税額と利子税を併せて納付
⑨手続	猶予税額に相当する担保を提供する
	経営（贈与）承継期間（５年）内は、毎年、税務署長に対して継続届出書を、都道府県知事に対して報告書をそれぞれ提出する（継続届出書の提出がない場合には、猶予税額の全額と利子税を納付する必要がある)
	経営（贈与）承継期間経過後は、３年ごとに税務署長に対して継続届出書を提出する
⑩相続時精算課税制度の適用	相続時精算課税制度の併用が可能（60歳以上の者から18歳以上の推定相続人（直系卑属）・孫への贈与）

一般措置における相続税の納税猶予制度の主な適用要件

①計画的取組	相続税の納税猶予制度（一般措置）に同じ
②対象会社	〃
③被相続人（先代経営者）	会社の代表権を有していたこと
	相続開始直前において、被相続人及びその同族関係者で総議決権数の50％超の議決権数を保有し、かつ、後継者を除いた同族関係者の中で最も多くの議決権数を保有していたこと
④相続人（後継者）	相続開始の日の翌日から５カ月を経過する日において、会社の代表権を有していること
	相続開始の時において、後継者及びその同族関係者で総議決権数の50％超を保有し、かつ、その中で最も多くの議決権数を保有することになること
	相続開始の直前において、会社の役員であること（被相続人が70歳未満で死亡した場合を除く）
⑤経営承継期間（５年）の要件	贈与税の納税猶予制度（一般措置）に同じ
⑥猶予税額の免除	〃　（先代経営者の死亡を除く）
⑦猶予税額の納付	贈与税の納税猶予制度（一般措置）に同じ
⑧手続	〃

(注１）中小企業基本法における中小企業者

業　種	従業員数 又は 資本金	
製造業、建設業、運輸業、その他の業種	300人以下	３億円以下
ゴム製品製造業（自動車又は航空機用タイヤ、チューブ製造業、工業用ベルト製造業を除く。）	900人以下	
卸売業	100人以下	１億円以下
小売業	50人以下	5,000万円以下
サービス業	100人以下	5,000万円以下
ソフトウェア業又は情報処理サービス業	300人以下	３億円以下
旅館業	200人以下	5,000万円以下

(注２）　×　資産保有型会社とは、直前期の簿価判定で次の算式に該当する会社です

$$\frac{\text{特定資産（現預金＋有価証券（※１）＋遊休不動産＋同族関係者等に対する貸付金など＋ゴルフ会員権等）の合計額（※２）}}{\text{総資産価額（※２）}} \geqq 70\%$$

（※１）非上場かつ事業実態のある子会社の株式を除く

（※２）相続開始、贈与前５年間に特例後継者及びその同族関係者に対して支払われた配当や過大役員給与等を特定資産及び総資産価額に加算する

×　資産運用型会社とは、次の算式に該当する会社です

$$\frac{\text{直前期の特定資産の運用収入の合計額}}{\text{直前期の総収入金額}} \geqq 75\%$$

○　資産保有型会社及び資産運用型会社に該当しないものとみなされる場合（下記ⅰ～ⅲの要件を満たす場合）

ⅰ　事業所、店舗、工場その他固定資産を有し、又は賃借していること

ⅱ　常時使用する親族外従業員の数が５人以上であること

ⅲ　経営承継相続人の被相続人の死亡の日において、３年以上継続して自己の名義をもって、かつ、自己の計算において商品販売等の事業活動をしていること

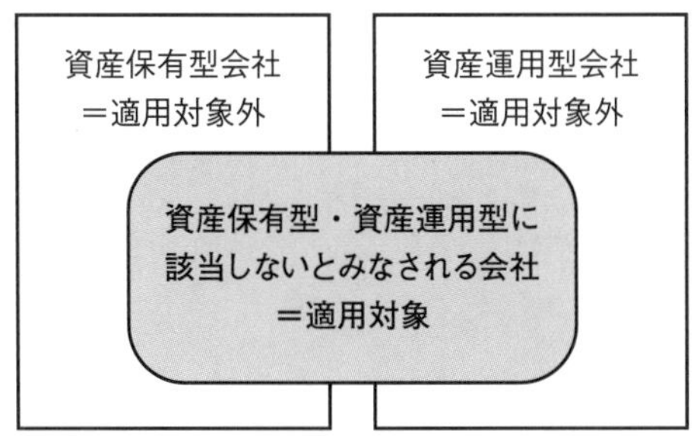

(注３）　維持すべき従業員数

相続開始時又は贈与時の従業員数 × 80/100（端数切捨）

相続税の猶予税額の計算（一般措置）

①相続税の納税猶予は無いものとして通常の相続税の計算を行います。（経営承継相続人以外の相続人（子Ａ）の相続税はこの額で確定します。）

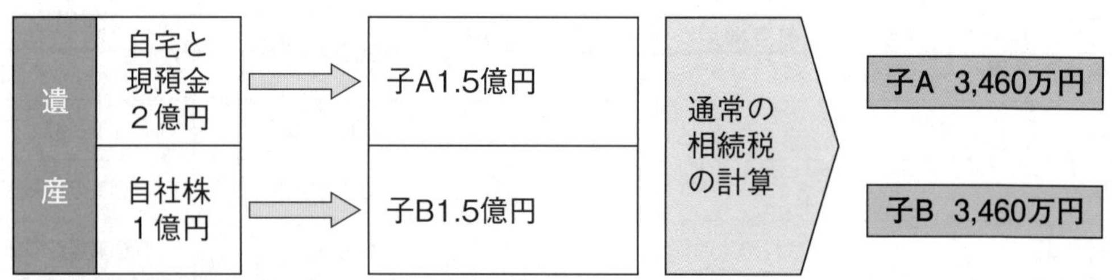

②経営承継相続人以外の相続人の取得財産は変わらないものとして、経営承継相続人（子Ｂ）が特例対象株式のみを通常の価額で相続した場合と、課税価額の20％に減額した場合の相続税を算出しそれらの価額の差額が猶予税額とされます。

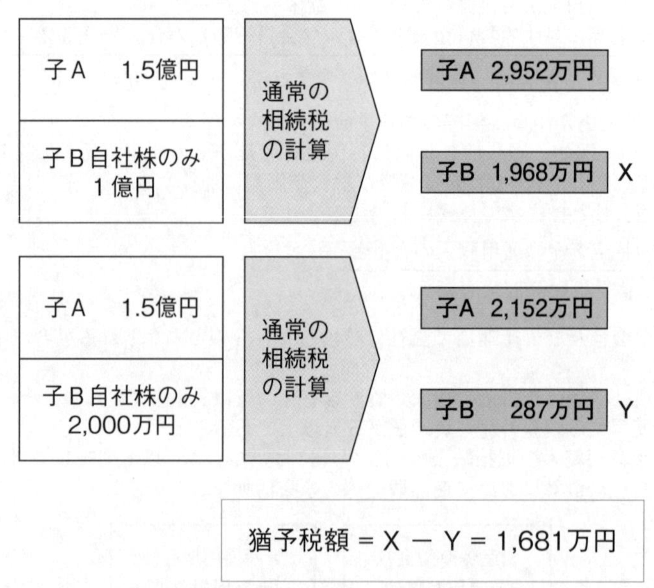

猶予税額＝X － Y＝1,681万円

●特例措置［令和９年12月末までの贈与・相続等］のながれ

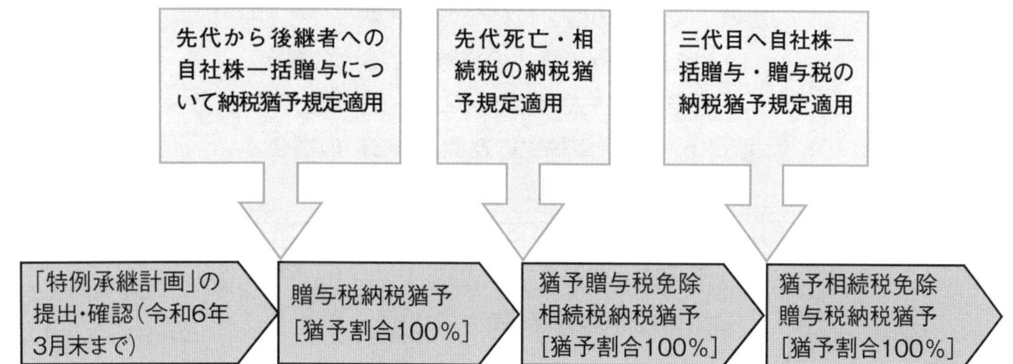

特例措置における贈与税の納税猶予制度の主な適用要件

①特例承継計画の提出・確認	後継者や経営計画等を記載した「特例承継計画」を策定し、認定経営革新等支援機関（税理士、商工会、商工会議所等）の所見を記載の上、令和６年３月31日までに都道府県知事に提出し、その確認を受けること
②対象会社	中小企業基本法の対象会社であること
	非上場会社であること
	風俗営業会社に該当しないこと
	資産保有型会社及び資産運用型会社のいずれにも該当しないこと
③贈与者（先代経営者）	会社の代表者を有していたこと
	贈与時に会社の代表権を有していないこと
	贈与の直前において、贈与者及びその同族関係者で総議決権数の50%超の議決権数を保有し、かつ、後継者を除いたその同族関係者の中で最も多くの議決権数を保有していたこと
④受贈者（後継者）	贈与時に会社の代表権を有していること
	贈与時に18歳以上であること
	贈与時に役員の就任から３年以上を経過していること
	贈与時に、後継者及びその同族関係者で総議決権数の50%超の議決権数を保有することになること
	贈与時において、後継者の有する議決権数が、次のⅰ又はⅱに該当すること ⅰ後継者が1人の場合 後継者が同族関係者の中で最も多くの議決権数を保有することになること ⅱ後継者が2人又は3人の場合 総議決権数の10%以上の議決権数を保有し、かつ、後継者及びその同族関係者（他の後継者を除く）の中で最も多くの議決権数を保有することになること

<table>
<tr><td rowspan="3">⑤対象株式数</td><td>(A) 後継者が１人の場合
次のⅰ又はⅱの区分に応じた株式数
ⅰ.〔a＋b ≧ 発行済株式の総数×2/3〕の場合
…〔発行済株式の総数×2/3 − b〕以上の株式数
ⅱ.〔a＋b < 発行済株式の総数×2/3〕の場合
…aの全ての株式数</td></tr>
<tr><td>(B) 後継者が２人又は３人の場合
次のⅲ及びⅳを満たす株式数
ⅲ. c ≧ 発行済株式の総数 × 10%
ⅳ. c ＞ d</td></tr>
<tr><td>a : 贈与の直前において先代経営者が有していた株式数
b : 〃 後継者が有していた株式数
c : 贈与後に後継者の有する株式数
d : 贈与後に先代経営者の有する株式数</td></tr>
<tr><td rowspan="3">⑥特例経営贈与承継期間
（５年）の要件</td><td>後継者が代表権を有すること</td></tr>
<tr><td>適用を受けた株式の継続保有</td></tr>
<tr><td>会社が資産保有型会社及び資産運用型会社のいずれにも該当しないこと（特例経営（贈与）承継期間の経過後も同じ）</td></tr>
<tr><td>⑦猶予税額の免除</td><td>次のいずれかに該当した場合
ⅰ先代経営者が死亡した場合
ⅱ後継者が死亡した場合
ⅲ特例経営（贈与）承継期間内において、やむを得ない理由により会社の代表権を有しなくなった日以後に、この制度に係る贈与（以下「免除対象贈与」）を行った場合
ⅳ特例経営（贈与）承継期間の経過後に、免除対象贈与を行った場合
ⅴ特例経営（贈与）承継期間の経過後に、破産等があった場合
ⅵ特例経営（贈与）承継期間の経過後において、事業の継続が困難な一定の事由が生じて、会社について譲渡・解散した場合</td></tr>
<tr><td rowspan="3">⑧猶予税額の納付</td><td>特例経営（贈与）承継期間内に、この制度の適用を受けた株式を譲渡等した場合等、一定の場合には、猶予税額の全額に利子税を併せて納付</td></tr>
<tr><td>（贈与時の雇用の８割を下回った場合には、その理由等を記載し、認定経営革新等支援機関の意見が記載された報告書を都道府県知事に提出し、確認を受けることで納税猶予が継続）</td></tr>
<tr><td>特例経営（贈与）承継期間の経過後に、この制度の適用を受けた株式を譲渡等した場合には、譲渡等をした株式に対応する猶予税額と利子税を併せて納付</td></tr>
</table>

⑨手続	猶予税額に相当する担保を提供する
	特例経営（贈与）承継期間（５年）内は、毎年、税務署長に対して継続届出書を、都道府県知事に対して報告書をそれぞれ提出する（継続届出書の提出がない場合には、猶予税額の全額と利子税を納付する必要がある）
	特例経営（贈与）承継期間経過後は、３年ごとに税務署長に対して継続届出書を提出する
⑩相続時精算課税制度の適用	相続時精算課税制度の併用が可能（60歳以上の者から18歳以上の者への贈与。受贈者に推定相続人等の限定はない）

特例措置における相続納税猶予制度の主な適用要件

①特例承継計画の提出・確認	贈与税の納税猶予制度（特例措置）に同じ
②対象会社	〃
③被相続人（先代経営者）	会社の代表権を有していたこと
	相続開始直前において、被相続人及びその同族関係者で総議決権数の50％超の議決権数を保有し、かつ、後継者を除いた同族関係者内で最も多くの議決権数を保有していたこと
④相続人等（後継者）	相続開始の日の翌日から５カ月を経過する日において、会社の代表権を有していること
	相続開始の時において、後継者及びその同族関係者で総議決権数の50％を保有することになること
	相続開始の時において、後継者が有する議決権数が、次のⅰ又はⅱ該当すること ⅰ後継者が１人の場合 　後継者とその同族関係者（他の後継者を除く）の中で最も多くの議決権数を有することになること ⅱ後継者が２人又は３人の場合 　総議決権数の10％以上の議決権数を保有し、かつ、後継者とその同族関係者（他の後継者を除く）の中で最も多くの議決権数を有することになること
	相続開始の直前において、会社の役員であること（被相続人が70歳未満で死亡した場合、及び後継者が特例承継計画に係る後継者である場合を除く）
⑤特例経営承継期間（５年）の要件	贈与税の納税猶予制度（特例措置）に同じ
⑥猶予税額の免除	〃　（先代経営者の死亡を除く）
⑦猶予税額の納付	贈与税の納税猶予制度（特例措置）に同じ
⑧手続	〃

相続税の猶予税額の計算（特例措置）

①相続税の納税猶予は無いものとして通常の相続税の計算を行います。（特例経営承継相続人以外の相続人（子A）の相続税はこの額で確定します。）

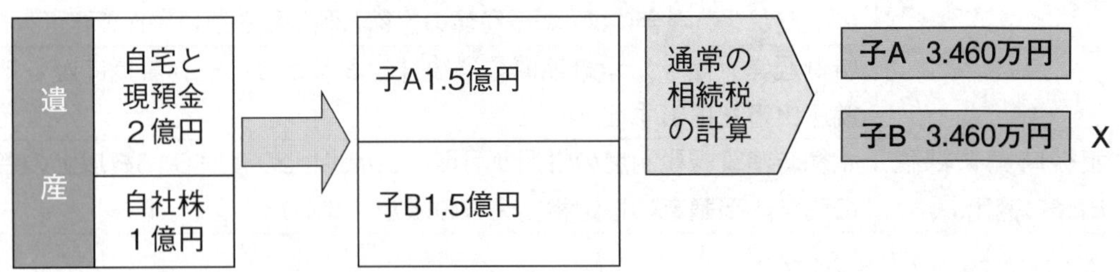

②特例経営承継相続人以外の相続人の取得財産は変わらないものとして、特例経営承継相続人（子B）が特例対象株式のみを相続した場合の相続税（Y）を算出します。このYが猶予税額とされます。

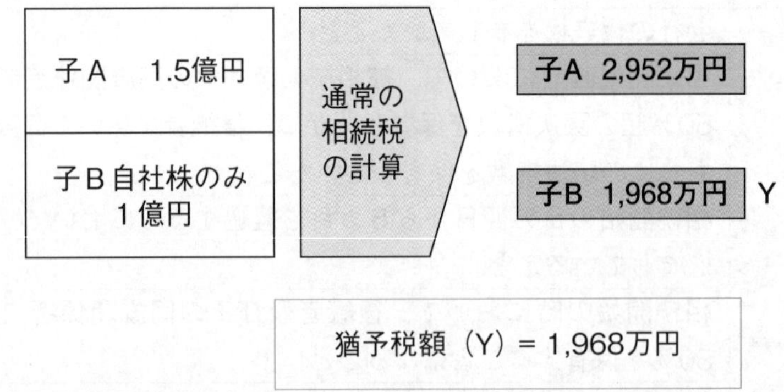

猶予税額（Y）= 1,968万円

③なお、特例経営承継相続人（子B）は①で計算した金額X（3,460万円）から、猶予税額Y（1,968万円）を控除した金額（1,492万円）を納付税額として相続税の申告期限まで納付する必要があります。

経営環境の変化に対応した救済

贈与税又は相続税の申告期限の翌日から５年を経過する日以降に、後継者が事業承継税制対象資産を譲渡・合併による消滅・株式交換又は移転・解散をした場合に、下記の事業の継続が困難な一定の事由が生じていた時は、その譲渡対価の額（相続税評価額の５割が下限）を基に贈与税又は相続税が再計算されます。再計算した税額と直前配当等の金額との合計額が当初の納税猶予額を下回る場合には、その差額が免除されます。

（事業の継続が困難な場合）

- 過去３年間のうち２年以上が赤字である場合
- 過去３年間のうち２年以上がその年の前年より売り上げが減少している場合
- 借入金の額が６か月分の売上金額以上ある場合
- 類似業種の上場企業の株価が前年の株価を下回る場合
- 心身の故障等により後継者による事業の継続が困難な場合

複数後継者、複数贈与者等の場合の適用要件比較

特例措置では、先代経営者以外の者も贈与者または被相続人となれますし、最大３名迄後継者になることが出来ます。その場合の後継者・先代経営者の適用要件は次の通り異なります。

①後継者（複数後継者）の要件

	＜父甲 → 子A＞	＜父甲 → 子A・子B＞
贈与・相続共通	・自社株式を贈与又は相続により取得した個人であること	・同左
	・代表権を有していること	・同左
	・同族関係者と合わせて、総議決権数の50%超を有することになること	・同左
	・同族関係者の中で筆頭株主であること	・総議決権数の10%以上を有することになること ・他の後継者を除く同族関係者の中で、筆頭株主であること
	・取得した自社株式を申告期限まで保有	・同左
	・自社株式承継前（贈与の場合は３年前から引き続き）に役員等の地位を有していること （相続の場合に先代経営者が70歳未満で死亡なら不要）	・同左
	・特例承継計画の確認を受けていること	・同左
贈与のみ	・18歳以上であること	・同左

②先代経営者（複数贈与者等）の要件

	＜父甲 → 子A＞	＜父甲·母乙 → 子A＞
贈与・相続共通	・対象会社の代表権を有していたこと	・同左
	・同族関係者と合わせて、総議決権数の50%超を有していたこと	・同左
	・後継者を除く同族関係者の中で筆頭株主であったこと	・同左
		先代経営者以外の者の要件 ・対象会社の株式を有していた個人であること ・先代経営者からの特例制度による贈与又は相続以降に、贈与又は相続によって自社株式を承継すること ・（特例）経営（贈与）承継期間（5年）内に贈与税または相続税の申告期限が到来する贈与又は相続であること
贈与のみ	・贈与時において代表権を有していないこと	・同左 先代経営者以外の者の要件 ・贈与時において代表権を有していないこと

(5) 持株会社の活用

持株会社とは

持株会社とは、一般的には、複数の事業を行う企業において、事業部制などの内部組織として運営するのではなく、法人格を有する子会社として独立させて事業を営もうとする場合にその子会社の株を所有する会社です。

事業承継対策として設立される場合には、事業会社の株式を集中させた資産管理会社として運営されます。

持株会社設立のメリット

①株価引き下げ対策を行いやすい

事業会社では、取引先や銀行の信頼関係を維持する為、会社の利益を減少させるなどの株価引き下げ対策を実行しにくい場合がありますが、体面を気遣う必要のない持株会社であれば、思い切った対策も実行可能です。

②株式の散逸を防ぐ

資産管理会社としての持株会社は、完全な安定株主であり、同時に株式の散逸化を防ぐことができます。

③株価上昇の抑制

自社株式の純資産価額算定に当たっては、資産の含み益の37%を、資産額から控除することができます。子会社（事業会社）の株価が、資産管理会社に保有されることとなった時点より、上昇した場合には、その上昇分の37%を純資産価額から控除できるわけです。したがって、持株会社への事業会社の株式の持込は、事業会社の株価が低いときの方が節税効果は大きくなります。

持株会社設立時

子会社株式 200百万円	資　本 200百万円

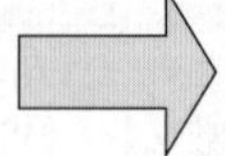

株価上昇後

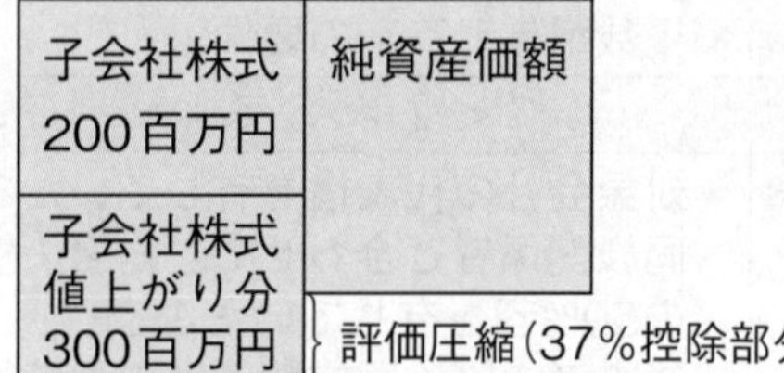

（注）値上がり分を300百万円と仮定

納税猶予制度に持株会社を活用する

相続税と贈与税の納税猶予制度は、事業の元手とも言える自社株式の承継について、相続税や贈与税のキャッシュアウトを防げるという面では、中小企業にとっては大変助かる制度です。しかし、元々この税制が創設された背景に、中小企業の事業承継を支援することで、雇用の維持を図るという命題があるため、従業員の雇用の８割を維持し続けなければならないとの適用要件（一般措置の場合。P114の通り特例措置では弾力化されています）があり、この要件の存在が納税猶予制度の導入に二の足を踏ませているようです。会社経営を続けていればリストラが必要となることも十分に考えられるからです。「リストラをしなければならないときは、経営が苦しい時期。そんな時に納税猶予を取り消され、多額の税金と利子を清算しなければならなくなってしまっては困る。」というのが、この制度が今一つ中小企業のオーナーから大歓迎されていなかった理由でしょう。

しかし、持株会社を活用すれば、従業員減少のリスクを軽減して納税猶予の恩恵を受けることができます。

たとえばこんな風にです。

①従業員が多数いる事業会社の株式をすべて持株会社に所有させます。

②持株会社に５～６人の従業員を配置し、何らかの事業活動をさせます。その事業活動は、新たな事業に参入する必要はなく、事業会社の管理部門や設計部門などの絶対必要な、リストラの対象になりにくい部門の仕事を請け負わせてもよいでしょう。

事業会社の株価が高くても、持株会社は、「資産保有型会社に該当しないものとみなされる会社」にします。

③そしてこの持株会社で納税猶予の規定の適用を受けます。

上記のように持株会社の株式に納税猶予制度の規定の適用を受けて承継すると、その持株会社が所有している事業会社の株式も一緒に承継されていきます。従業員の雇用の８割維持は基本的には必要ですが、持株会社の従業員数は、事業会社よりもずっと少ないので、困難の度合いが違います。

また、事業会社が数社ある場合には、その会社ごとに、納税猶予規定の適用を受けるのでは、報告義務の作業も大変ですが、持株会社が、事業会社の株式をすべて所有していれば、１社分だけの事務処理ですみます。

持株会社の評価引き下げ対策

持株会社は、株式保有特定会社に該当する可能性が高くなります。株式保有特定会社は、原則として純資産価額で評価されてしまうので、株式保有特定会社該当回避の対策が有効です。

具体的には、

・収益不動産の購入や、事業買収により総資産を膨らます。

・グループ会社の金融会社の役割を担い、銀行借り入れとグループ会社貸付で総資産を膨らます。

・株式保有特定会社の判定要件は、総資産のうちに占める株式・出資の価額の割合が50％以上なので、会社分割により株式出資以外の財産を受け入れる。

以上のような手段を講じて、特定会社該当回避の対策を行った上で、利益や配当の引き下げなどの類似業種比準価額対策（P103）を行ないます。

持株会社への株式の移動方法

①持株会社への株式の売却

オーナーが株式の売却代金を手にしたいが、後継者が個人で株式取得資金を用意するのが困難な場合には有効なスキームですが、反面、金銭による売却ですから、オーナー側では自社株式の譲渡益に対して20％の譲渡益課税が生じます[注]。持株会社側で買取り資金を金融機関等で借り入れたが、返済原資が潤沢でない場合には、事業子会社からの配当を使うケースがあります。法人が他の法人から配当を受けた場合、企業会計上は当然収益を認識しますが、法人税法上はその配当等の基となる株式等の区分に応じ、その配当等の額の全部または一部の額を益金の額に含めないこととされます。下表のとおり100％子会社の場合には、全額が益金不算入となりますから、税負担無しに配当を受けた金額の全額を返済に充てることができます。配当が支払われる際には所得税が原則20.42％で源泉徴収され益金不算入により、税額控除あるいは還付金として戻される形ですが、令和５年10月１日以降に支払いを受けるべき完全子法人株式等及び関連法人株式等に係る配当等については、配当を支払う際の所得税の源泉徴収も行われなくなります。

区分	株式等保有割合	不算入割合	所得税の源泉徴収
完全子法人株式等	100%	100%	源泉徴収なし（ただしR5.10.1以降）
関連法人株式等	1/3超		
非支配目的株式等	5%以下	20%	源泉徴収あり
その他の株式等	上記に該当しない	50%	

（注）株式を適正時価の1/2未満で売買した場合には、売り主個人側でみなし譲渡課税が行われます。法人側では、時価と譲渡対価の差額について受贈益課税の問題が生じます。

②現物出資による方法

現物出資も譲渡の一形態ですから、①と同様の譲渡益課税が行われます。

③株式交換・株式移転や株式交付による方法

株式交換・株式移転や株式交付の場合も原則として譲渡益課税が行われます。ただし、次項以下の税制適格の要件を満たす株式交換・株式移転や株式交付で、完全子会社や株式交付子会社となる会社の株主に親会社の株式以外の資産が交付されない場合（注）は、譲渡損益の計上は繰り延べられます。

（注）株式交付の場合は、対価として交付する資産の価額のうち親会社株式の価額が80%以上の場合

(6) 適格組織再編

創業後年月を経て事業承継の時期を迎えた企業では、資本関係が複雑になっていたり、あるいは承継後の体制を整えるために、組織の再編が必要になる場面がよく見受けられます。税制適格要件を満たせば、無税で次の手法が使えます。

組織再編の手法

持株会社（ホールディング会社）体制を創る際には、次の「株式交換」「株式移転」や後述する「株式交付」（P.129）を活用します。

株式交換：A社がB社を完全子会社にする目的で、B社の全株式とこれに見合うA社の株式を交換する仕組み

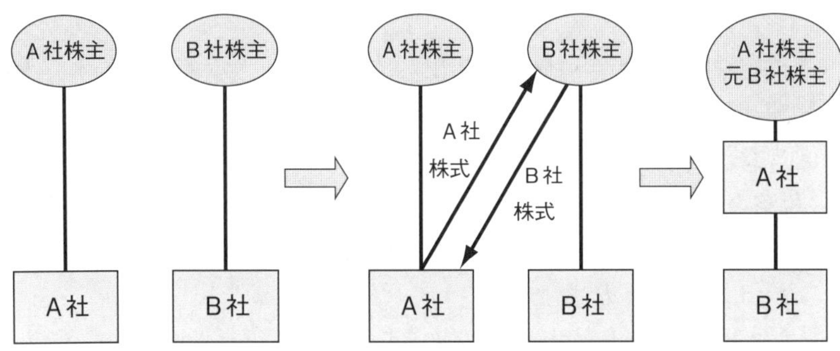

株式移転：株式移転は完全親会社となる会社（B社）を新設して、A社の全株式を、新設のB社に渡し、A社の株主はB社の株式を受け取る仕組みです。

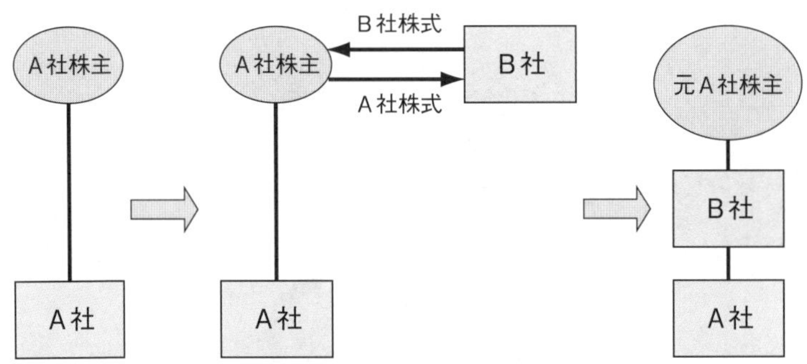

単独での存続が不要な会社の整理や、債務超過会社を吸収して株価対策の実施にあたっては、次の合併が使われます。

合併：複数の会社を一つの会社にします

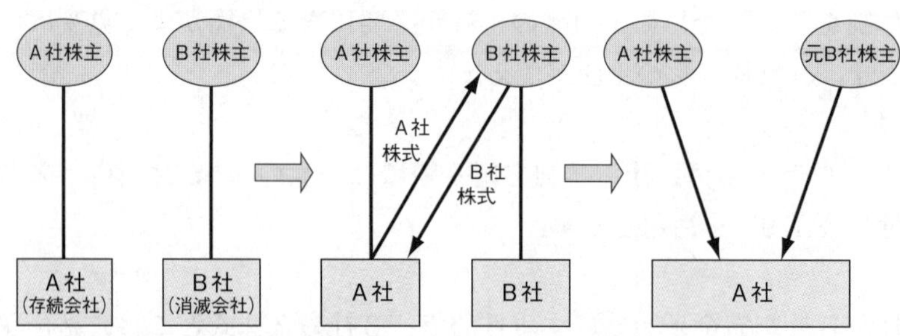

高収益部門を後継者の支配する会社に移したり、株特外し·土地特外しのためにグループ会社の間で資産負債の所有関係を変えたい場合等には、会社分割が使えます。

会社分割

分割型分割：分割会社から資産・負債を切出して承継会社へ承継させます。承継会社は新設でも既設でも構いません。承継会社が対価として発行した株式は分割会社の株主に渡ります。

税務上は分割型分割という手法が存在しますが、会社法上（登記に当って）は会社分割と分割会社からその株主への承継会社株式の現物配当が行なわれたものとして整理されます。

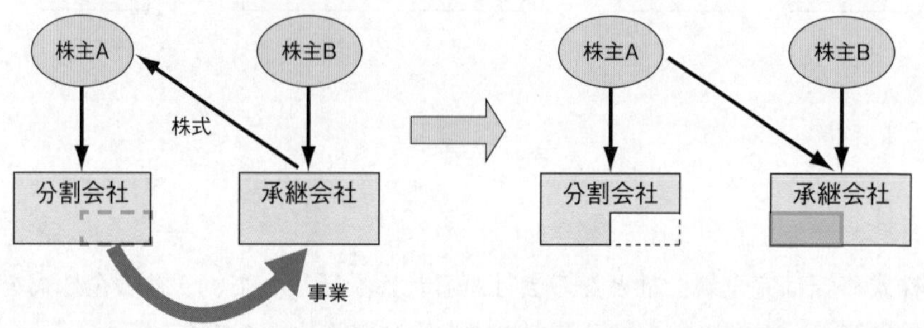

分社型分割：承継会社が受け入れ資産・負債の対価として発行した株式は分割会社が所有します。

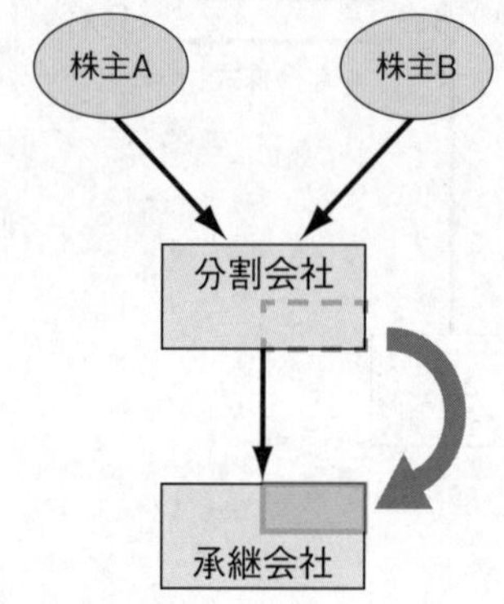

適用要件

区分	企業グループ内組織再編		左記以外
	100%支配関係	50%超100%未満支配関係	共同事業
金銭等交付要件	株式以外の資産が交付されないこと		
按分型要件	分割型の場合のみ按分型要件有り		
支配関係継続要件	組織再編前支配関係の再編後継続見込み		株式継続保有要件
その他の要件		主要な事業の継続見込み	
		従業者引継要件	
			事業の相互関連
			規模要件 又は経営参画要件

課税関係

対象者	課税要因	税制適格分割	税制非適格分割	
			金銭交付無し	金銭交付有り
分割法人	移転資産の譲渡	課税繰延	譲渡課税有り	
株主	みなし配当	課税無し	課税有り	
	株式譲渡損益	課税無し	課税無し	課税有り

(注)合併の場合は、分割を合併と読み替えて同様

株式交付制度

株式交付とは、株式会社が他の株式会社を子会社とするために、その株式会社の株式を譲り受け自社の株式を対価としてその子会社の株主に取得させる制度です。この制度は、株式対価のM&Aを促進するため設けられましたが、資本政策の一環として自社株式を資産管理会社へ移転する、あるいは事業承継にあたり後継者の支配する会社が親の支配する会社を子会社にするため等に活用することもできます。

同じような効果をもたらす方法には、株式交換と現物出資があります。これらの制度と株式交付制度の違いは、株式交換においては他の会社を100%子会社にする場合に限定されており、非支配株主を残したい場合には使えませんでした。しかし株式交付制度では、議決権の過半あるいは2/3を取得しての子会社化も可能です。また現物出資では個人株主の譲渡所得課税を繰り延べる税制上の手当てが無いことや検査役調査があるため手続き面で大変との欠点がありますが、株式交付制度ではそのような問題はありません。

株式交付制度に応じた株主の税制上の取り扱いは、株式譲渡損益が法人個人の別なく繰り延べられます。要件は、対価として交付を受けた資産の価額のうちに株式交付親会社の株式の価額が80%以上（対価要件）であることのみです。株式交付制度は組織再編税制として条文化されたものではないため課税の繰り延べ要件が緩やかで、20%未満なら金銭の交付を受けることも可能ですし、株式保有継続要件もありません。但し譲渡損益の繰り延

べは株式対価の部分だけですから、金銭交付を受けた部分に対応する譲渡益は課税されます。

ただし、令和５年度税制改正(注)において、株式交付後に株式交付親会社が同族会社（非同族の同族会社を除く）に該当する場合、譲渡した株式の譲渡損益に対する課税の繰り延べの対象外とされることとなりました。すなわち、オーナー経営者が保有する株式を資産管理会社に移動するために株式交付を利用するようなケースでは、その株式の譲渡益に対して譲渡時に課税されることになるため、注意が必要です。

（注）令和５年度税制改正の大綱（令和４年12月23日閣議決定）に基づき記載しています。

株式交付親会社における株式交付子会社株式の取得価額は、株式交付子会社の株主数によって以下のように異なります。

株式交付子会社株主が50人未満の場合	当該株主における株式交付子会社株式の帳簿価額に相当する金額
株式交付子会社株主が50人以上の場合	株式交付子会社の前期末時の資産の帳簿価額から負債の帳簿価額を減算した金額（当該前期末から当該取得日までの間の資本金等の額または利益積立金額の一定の増減金額を加減算）に、発行済み株式総数のうちに当該取得をした株式交付子会社株式数の占める割合を乗ずる方法等により計算した金額

留意点としては、株式交付制度は、会社法の現物出資規制の対象外とされていますが、財務省の立案担当者の解説では、株式交付子会社の株主が株式交付子会社株式を株式交付親会社に給付して株式交付親会社株式の交付を受ける行為であることから、現物出資の一種であることに変わりはなく組織再編税制の行為計算否認規定の対象になり得るとしています。

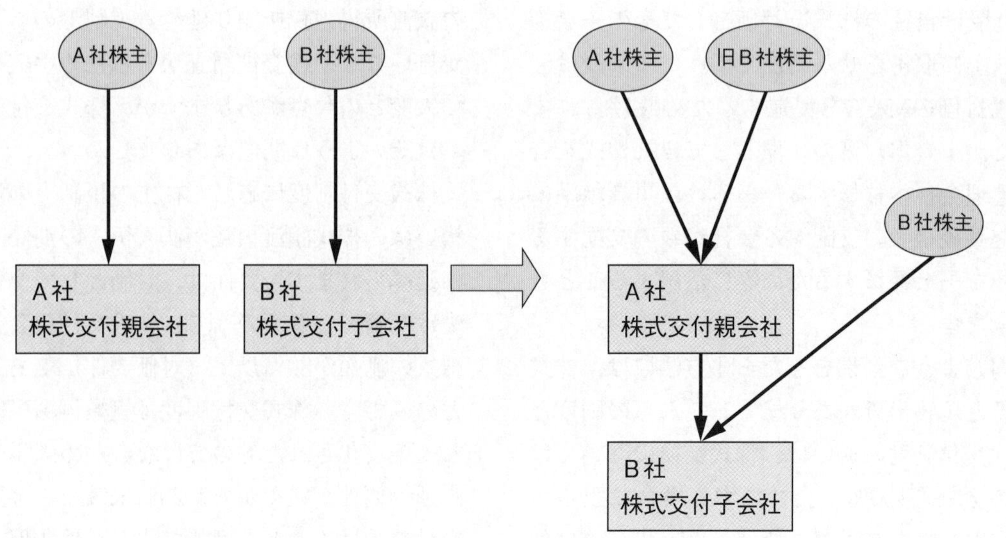

スクイーズアウト

親戚や取引先に分散してしまった株式を集約する際のスクイーズアウト手法には、現金株式交換・株式併合・特別支配株主による株式売渡請求・全部取得条項付種類株式の４つがあります。４つの手法の経済効果は類似しているのに平成29年度税制改正前は課税関係が異なっていました。株式交換の税制適格要件に「金銭不交付」があり、これを満たさないため対象会社の固定資産、土地、有価証券、繰延資産（含み益が1,000万円未満のものを除く）について時価課税が行われるのに対し、売渡請求・株式併合については、対象会社において特段の課税関係は生じませんでした。これらの取引に整合性を持たせるため平成29年度税制改正において、次の手当てがされました。

①株式交換完全親会社が対象会社の株式を2/3以上有する場合には、その他の株主に対して金銭を交付しても、「金銭不交付要件」に抵触しないこととする。

②株式併合の実施により取得者（法人であること）等以外の者の有する株式がすべて端株になる時は、「株式交換等」として組織再編税制の適用対象とされる。

③発行済株式の全部が取得者（法人であること）等によって取得される時は、「株式交換等」として組織再編税制の適用対象とされる。

これにより現金株式交換が適格株式交換に該当し得ることとなり、株式併合及び売渡請求が行われた場合に、適格要件が満たされない場合に、対象会社において時価評価課税が行われ、３つの手法の課税関係が揃うことになりました。

見落としがちな「許認可」の承継

事業承継対策の主眼は、後継者の確保・育成と相続税負担の軽減、そして納税資金の確保にあると言われています。しかし、対策を着実に進めていったとしてもこれだけでは十分とはいえない場合があります。

引継ぐ事業の種類・内容によっては一定の許認可が求められる場合があり、相続にあたっては経営権だけでなく、そのような許認可権限の承継手続きもあわせて必要となります。

代表的な例としてあげられるのが、建設業の許可でしょう。

建設工事を請け負うには、その工事が公共工事であるか民間工事であるかを問わず、原則として建設業法第３条に基づき建設業の許可を受けなければなりません（工事１件の請負代金の額が500万円未満の工事等を除きます）。そして、建設業の許可を受けるためには、「経営業務の管理責任者」や「専任技術者」と呼ばれる人を設置することが要件とされています。

例えば経営業務管理責任者は、常勤の役員等であることに加え、以下のいずれかの業務経験を有していなければなりません。

(イ) 建設業に関し５年以上経営業務の管理責任者としての経験を有する者であること。

(ロ) 建設業に関し５年以上経営業務の管理責任者に準ずる地位にある者（経営業務を執行する権限の委任を受けた者に限る。）として経営業務を管理した経験を有する者であること。

(ハ) 建設業に関し６年以上経営業務の管理責任者に準ずる地位にある者として経営業務の管理責任者を補佐する業務に従事した経験を有する者であること。

(ニ) -1 建設業に関し、二年以上役員等としての経験を有し、かつ、五年以上役員等又は役員等に次ぐ職制上の地位にある者（財務管理、労務管理又は業務運営の業務を担当するものに限る。）としての経験を有する者

(ニ) -2 五年以上役員等としての経験を有し、かつ、建設業に関し、二年以上役員等としての経験を有する者

(補足) 上記 (ニ) -1又は (ニ) -2の場合、常勤役員等を直接に補佐する者として、当該建設業者又は建設業を営む者において「財務管理の業務経験」、「労務管理の業務経験」、「運営業務の業務経験」について、５年以上の経験を有する者をそれぞれ置く（一人が複数の経験を兼ねることが可能）ものであることが必要です。

(注) 建設業法の改正によって2020年10月から許可要件が緩和されています。上記は改正後の要件となっています。

経営業務の管理責任者の設置は許可要件であるため、仮に前代表者のみが管理責任者となっていて後任が不在となった場合は、要件欠如で許可の取消し（建設業法第29条第１項第１号）となってしまいます。特に前代表者が急逝したようなとき、実務経験が求められるこのようなポジションはすぐに対応できるものではありません。

事業継続のために必要な許認可を改めて確認し、万一の場合に不在期間(注)が生じないよう、あらかじめ後継者や他の役員で要件を満たすことができるようにしておくなど、事前に準備しておくことが安定的な事業承継のためには不可欠であるといえます。

(注) 2020年10月施行の建設業法の改正により、個人事業主を前提として死後30日以内における相続の認可手続きが新設され、相続人は、被相続人の死亡後30日以内に認可を申請すれば、処分（行政庁からの許可又は不許可の通知）がなされるまで、建設業の許可を受けたものとして扱われることとなっています。

7. 納税資金の確保

(1)金庫株（自己株式）の活用

従来、自己株式の取得は原則禁止、一定の事由に該当する場合のみ例外的に許容され、その場合でも、速やかな処分が求められていました。

しかし平成13年の旧商法の改正により、会社が自己株式を自由に取得・保有できるようになりました。(注)

(注) 財源規制あり
自己株式の取得により株主に対して交付する金銭等の帳簿価額の総額は、取得の効力発生日における分配可能額を超えてはならないこととされています。

金庫株の事業承継における役割

①株式分散防止の受け皿とする

創業後、年月を経て、すでに退職した役員や従業員に株式が分散してしまっているような場合には、相続等を経てさらにその先まで分散していくのを避ける為にも株式を買い戻す必要があります。オーナーが自ら買い取るとなると原則的評価方法による評価額（高額になる場合が多い。）での取引でないと、贈与税など厄介な問題が生じます。

そこで発行会社が買い取ることとすれば、平成18年度税制改正により、自己株式の発行会社による取得は資本等取引と整理された為、外部の株主と発行法人の間で、合意した価額で取得しても低廉売買などの問題が原則として生じなくなっています。

②納税資金対策（自社株式の現金化）

オーナー株主に相続が発生すると換金できない自社株式に高額の相続税がかかり、納税資金に苦慮するという例は枚挙に暇がありませんでした。しかし上述のとおり金庫株が解禁され、会社から納税資金を引き出せるようになっています。ただし自社株式の現金化がいつ行われるかによって、課税関係が次のように異なりますので留意が必要です。

生前の納税資金準備

税務上、自己株式を取得した時点で、交付された金銭が株主に払い戻されたものとされるので、みなし配当課税が行われます。

この場合に、配当所得として総合課税されると、配当控除前の最高税率55%の高い税負担となってしまうことに注意が必要です。

みなし配当課税を避けるためには、別会社に買い取らせ、相当期間を置いてその別会社から発行会社へ、金庫株として売却すれば、まずオーナーは税負担20.315%（復興特別所得税含む）の株式譲渡課税で済みます。さらに別会社が法人税法上の関係法人株式等（保有割合1/3超）に該当すれば、みなし配当は全額益金不算入となります。ただし余りに短期間に行うと、みなし配当課税を避ける為だけの租税回避行為とみられる可能性があるので、期間を空けることが望ましいでしょう。

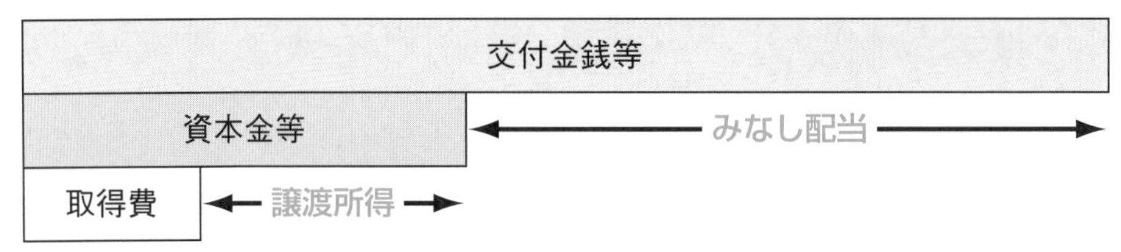

相続した株式を発行会社に売却した場合

非上場株式を相続し、その申告期限から３年以内に、その発行会社に譲渡した場合には、みなし配当課税は行われず、配当金とみなされていた金額は、株式等の譲渡所得金額の収入金額とみなされます。つまり税負担は、譲渡益の20.315％（復興特別所得税含む）で済みます。

さらに、相続財産の譲渡である為、相続税の取得費加算の特例の適用を受けることができ、税負担は軽減されます。

$$\text{取得費加算額} = \text{その者の相続税} \times \frac{\text{譲渡した資産の相続税評価額}}{\text{その者の相続税の課税価額}+\text{その者の債務控除額}}$$

自社株式の物納と金庫株

平成18年度税制改正で、非上場株式の物納の要件が緩和されたことから、自社株式の物納がしやすくなっています。ただし譲渡制限株式は物納できないので、もし譲渡制限が付いている場合は、定款変更が必要になります。

非上場株式を発行会社へ譲渡したときの課税関係は、上述のとおり、原則としてみなし配当課税が行われますが、この場合には高い税負担となる場合が多くなります。

しかし、相続税を支払う為（相続税の申告期限から３年以内）に、自社株式を発行会社へ譲渡した場合は、みなし配当課税は行われず、相続税の取得費加算の特例を適用を受けることにより、さらに税負担は軽減されます。

自社株式を物納する場合には、発行会社が物納収納価額（相続税評価額）で買い戻す旨の書類を届けておき（随意契約）、非上場株を物納に充てます。前記の生前の自己株式の買い入れでも、相続発生後でも、物納株式の買い入れでも、自己株式の買い入れ代金として会社から相続税納税資金が出ることに変わりは有りませんが、物納で株式を国が収納すると、譲渡所得や配当所得などの株主に対する税金は一切かかりません。ただし金銭納付困難の条件を満たすことができなければなりません。

(2)相続税の物納

相続税は、金銭による一括納付が原則です。しかし、相続財産がすべて現金とは限りません。国税庁の統計では、日本では何と言っても相続財産の種類で金額が一番大きいのは不動産です。

相続が開始してから相続税の申告期限までの10ヵ月の間に、現金以外の相続財産を現金化するのは相当な困難が予想されます。そのため相続税法では例外的な納付方法として、分割払いの延納や、金銭以外の相続財産での納付(物納)を一定の条件の下に認めています。

以前は、物納の申請をしても、認められるものか否か曖昧で、申請を出してみないと判らない場合もあり、また申請書を提出したものの、何の音沙汰も無く数ヵ月が流れてしまうなど、相続財産で納められるのはありがたい制度なのですが、その運用については首を捻りたくなることも度々でした。

物納の成功は事前準備で

しかし、平成18年度税制改正では、いわゆる相続破産の増加に対応し、延納及び物納の要件が大幅に見直され、物納許可基準の明確化や手続きの迅速化・明確化が図られました。

それは、もちろん納税者の利便性に合致し、良い改正が行われたのですが、税務署側が迅速に処理するということは、裏返せば納税者側も迅速に申請し手続きを進めなければならないということです。

相続税の概算計算等を行い現金納付が困難であるということが予測される場合は、前もって手続き要件をクリアする準備を進めておくのが望ましいでしょう。

具体的には、土地を物納するのなら隣地の境界確認及び測量を前もって済ませておくべきでしょう(「20日以内に提出」などの期限があるときに、隣地所有者が海外へ出国中だったり、入院中だったりすると、確認印をもらうことができず、物納が流れてしまうこともありえます)。

父親(被相続人)所有の土地(A土地)は会社が使っているので、物納することはできないが、子供(相続人)所有の土地の中には納税のため手放してもよい土地(B土地)がある場合には、相続が発生する前にA土地とB土地を交換をしておけば、手放してもよいB土地は相続財産となり、物納の要件を満たす土地に変わることになります。このように事前の準備が物を言う制度になっています。

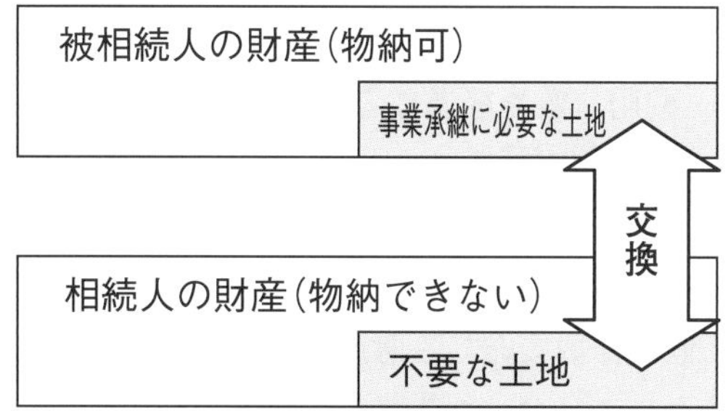

物納の要件

次の要件をすべて満たす必要があります。

①延納によっても金銭納付困難な事由があること
②その納付を困難とする金額を限度としていること
③期限内に税務署長に申請されたものであること
④申請財産は、定められた種類の相続財産であり、かつ、定められた順に従っている
⑤物納できる(物納適格)財産であること

物納できる財産の種類と順位

物納に充てることのできる財産は、相続税の計算の基礎になった下記の財産及び順位で、日本国内に所在するものです。

第１順位	①不動産、船舶、国債証券、地方債証券、上場株式等 ②不動産及び上場株式のうち、物納劣後財産に該当するもの
第２順位	③非上場株式等 ④非上場株式のうち、物納劣後財産に該当するもの
第３順位	動産

物納不適格財産

物納不適格財産の例示

- 担保権が設定されていることその他これに準ずる事情がある不動産
- 権利の帰属について争いがある不動産
- 境界が明らかでない土地
- 耐用年数を経過している建物
- 譲渡制限株式

物納劣後財産

他に物納に充てる財産が無い場合に限り物納することができる財産の例示

- 地上権、永小作権等の権利が設定されている土地
- 法令の規定に違反して建築された建物及びその敷地
- 劇場等その他の維持又は管理に特殊技能を有する建物及びこれらの敷地
- 休眠会社の株式

物納申請書の提出期限

期限内申告書	法定申告期限
期限後申告書又は修正申告書	それぞれの申告書の提出日
更正又は決定を受けた場合	更正又は決定の通知が発せられた日の翌日から起算して1ヵ月を経過する日

超過物納

物納に充てる財産の価額は、原則として物納申請額を超えないようにしなければなりませんが、たとえば土地を物納申請額に応じて分筆すると、その土地は小さくなりすぎて通常の用を供さなくなるなど分割が困難な場合は、超過物納も認められ、差額は還付されます。

物納の許可と却下

物納申請が適当と認められると「相続税物納許可通知書」が送付され、反対に金銭納付困難な理由が無いなど、申請が却下されると、「相続税物納却下通知書」が送付されます。

物納財産の収納価額

課税価格の計算の基礎となった相続税評価額で収納されます。

物納→延納

物納が却下された場合等に申請することができます。

延納→物納

延納中の者が、資力の状況の変化等により、延納条件の変更を行っても延納を継続することが困難となった場合には、その納付を困難とする金額を限度として、その相続税の申告期限から10年以内の申請により、延納から物納に変更（「特定物納」という）することができます。

利子税の納付

物納制度	物納申請から収納されたものとみなされる期間（審査期間を除く）について利子税（年7.3%と「平均貸付割合+0.5%」のいずれか低い割合）を納付する。
特定物納制度	当初の延納条件による利子税（不動産の割合によって1.2%～6%又は特例割合(注)）を納付する。

（注）特例割合は令和５年１月１日現在の「延納特例基準割合」0.9%で計算すると、0.1%～0.7%

物納フローチャート

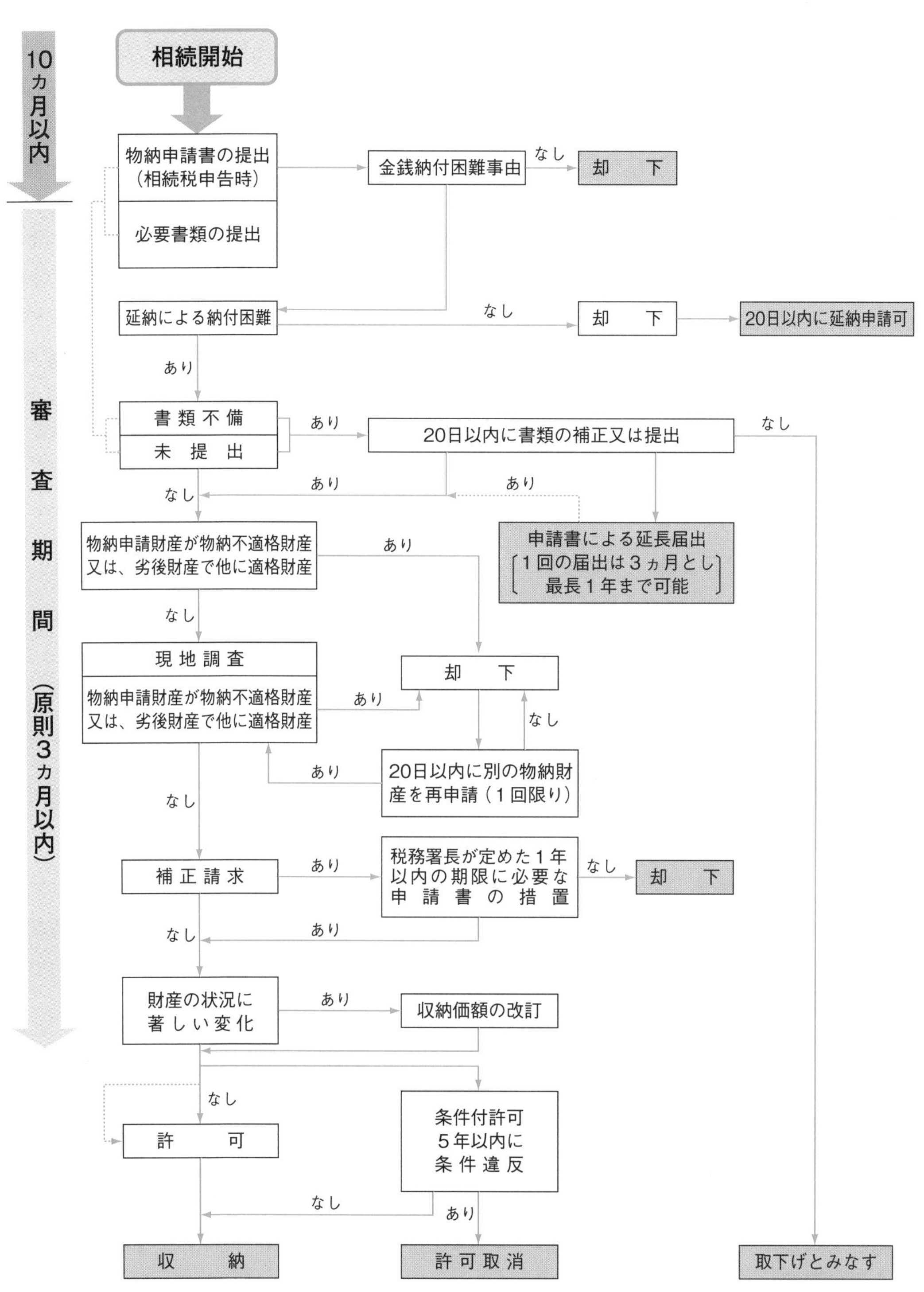

（出典）右山昌一郎/監修、㈱国土工営/編著「物納制度大改正その実務と対応」（大蔵財務協会）

(3)役員退職金の支給

金融資産の確実な確保

相続発生時に自社株式を会社で取得したり物納したりする手法は、その時点での会社の資金繰り状況に依存する部分も大きく、会社支配権の安定化という点からも不安が残ります。そのため、相続財産の中に一定の金融資産等を確保しておくこともバランスのある対策といえるでしょう。その中でも税務上のメリットが大きな納税資金対策が「役員退職金の支給」です。

もちろん、退職金の受給は経営者本人の引退後の生活保障にも役立ちます。

株価の引き下げ

役員退職金は先代経営者の長年の会社への貢献に報いるものであるため、通常多額の支給となります。そのため、その支給により、自社の株価評価額は純資産価額方式・類似業種比準方式のいずれにおいても引き下げられます。なお、類似業種比準価額においては平成29年度改正前は「利益」要素が他の要素の３倍となっているため、引き下げ効果が大きいとされていましたが、改正後は比準割合の比重が変更されたため、その効果は縮小しています。

$$\text{純資産価額方式による1株当たりの評価額} = \frac{\boxed{\text{資産合計額(相続税評価)}} - \text{負債合計額} - \text{評価差額} \times 37\%}{\text{発行済株式数}}$$

$$\text{類似業種比準価額} = A \times \left(\frac{\frac{\text{Ⓑ(配当)}}{B} + \frac{\boxed{\text{Ⓒ(利益)}}}{C} + \frac{\boxed{\text{Ⓓ(純資産)}}}{D}}{3} \right) \times \text{斟酌率}$$

(注１) 計算式の詳細は第２章５（1）（P88）をご参照ください。
(注２) ▭ は特に影響の大きい要素です。

引き下げられた株価は一時的なもので、相続発生時まで保証されるものではありません。そこで、これを機に後継者への株式移動を進めることをぜひ検討すべきであるといえるでしょう。株式の移動方法としては、単純贈与、売買（譲渡）以外にも、相続時精算課税制度や納税猶予制度の活用が効果的です。

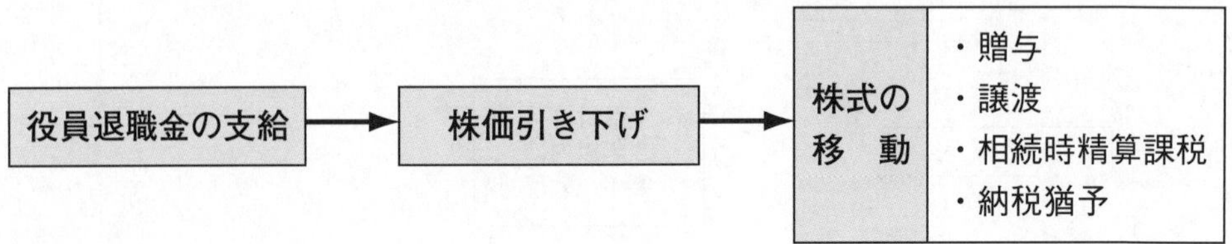

法人側と受給者本人の税務上のメリット

○法人税の取扱い

①役員退職金の損金算入

法人が役員に支給する退職給与は、不相当に高額でない限り、原則として損金の額に算入されます（利益指標等を基礎として算定されるもので一定の要件を満たさないものを除く)。なお、従来は損金算入が認められるためには、退職給与の支給事業年度において損金経理することが要件となっていましたが、平成18年度税制改正でこの要件は削除されています。

具体的に損金算入が認められる時期は、原則として株主総会等の決議によって支給額が確定した日の属する事業年度となります。ただし、(確定前後の)実際に支給した日の属する事業年度において損金経理をした場合には、その事業年度の損金として取扱うこととされています。

このように損金算入時期には確定した時と支給された時の複数のタイミングが選択できるため、会社や相続対策の状況を総合的に勘案して経理処理方法を決定します。

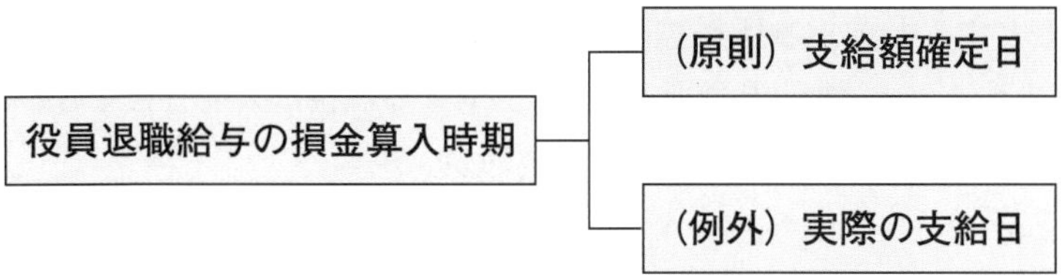

役員退職給与の損金算入時期
- (原則) 支給額確定日
- (例外) 実際の支給日

②役員の退任

「退職金」である以上、退職後も実質的に経営に従事しているなど、その支給が退職に起因してなされたものでないと認められる場合には、原則として役員賞与となり、損金の額に算入されません。したがって、役員退職金の支給にあたっては、経営の第一線から退くことに十分留意しなければなりません。

ただし、必ずしも役員としての地位から完全に外れなければならないという訳ではなく、代表取締役社長から相談役となるなど、次のように分掌変更により役員としての地位や職務の内容が激変し、実質的に退職したと同様の状態にある場合には、退職給与として取扱うことが認められています。

[実質的に退職したと同様の状態にある場合の例]

(ア) 常勤役員から非常勤役員になったこと(代表権を有する場合や実質的にその法人の経営上主要な地位を占めていると認められる場合を除きます。)

(イ) 取締役が監査役になったこと(実質的にその法人の経営上主要な地位を占めていると認められる場合等を除きます。)

(ウ) 分掌変更後の役員の給与が激減(おおむね50%以上減少)したこと

○所得税の取扱い

退職金は退職後の大切な生活資金としての一面も有しています。そのため、退職金を受け取る際の本人への所得税の課税は通常の給与よりも優遇されています。

課税対象となる退職所得は、次のように求められます。

課税退職所得=(その年中の退職給与の収入金額－退職所得控除額)× 1/2(注)

(注)役員等として勤務した期間の年数が5年以下である人の退職金のうち、当該役員等勤続年数に対応する部分については、「1/2」計算の適用はありません。

勤続年数	退職所得控除額
20年以下	40万円×勤続年数　＜最低80万円＞
20年超	800万円＋70万円×（勤続年数－20年）

すなわち、退職金収入から一定の退職所得控除が認められており、さらにその額に1/2を乗じることとされているため、課税退職所得はその分だけ圧縮されます。

たとえば、勤続25年で勇退した社長の退職金が1億円であるとすると、退職所得控除は1,150万円となりますので、課税退職所得は4,425万円（＝（1億円－1,150万円）×1/2）となります。

しかも、退職所得は分離課税方式によっており、他の給与所得等と合算せずに退職所得のみに対して課税されます。日本の所得税率は累進制となっているため、その点からも退職所得に対する課税は大変有利なものとなっています。

支給額の上限は？

◯相当額の範囲内で

役員退職金は無制限に支給できるわけではありません。支給額が、役員の在職期間や同規模同業他社の支給状況等に照らし、不相当に高額と認められる部分の金額は、損金の額に算入できないこととされています。

この場合、相当額の算定は次の算式による金額が目安となります。

社長の功績倍率は3倍とされた判例があり、功労加算金は退職慰労金の30％以内が目安といわれています。

相当と認められる退職金＝最終報酬月額×勤続期間×功績倍率＋功労加算金

＜功績倍率の例＞

会長	社長	専務	常務	取締役	監査役
3.0	3.0	2.5	2.3	2.0	1.5

死亡退職金の取扱い

役員の死去によって、本人に支給されるべきであった退職手当等が遺族に支払われる場合、相続財産とみなされて相続税の課税対象となります（非課税とみなされる部分等を除きます）。

また、通常の退職金のほかに弔慰金が支給される場合があります。

弔慰金を支給した会社においては、その額が社会通念上相当な金額である限り、損金の額に算入されます。

また、弔慰金を受け取った相続人の側では、下記の範囲内の弔慰金は、相続財産の額にも算入されませんので、相続財産の軽減にもつながります。

業務上の死亡による場合…死亡時報酬月額×36ヵ月
業務外の死亡による場合…死亡時報酬月額×6ヵ月

役員退職金の支給準備

役員退職金は多額となるケースが多いため、支給時の会社の損益を悪化させます。したがって、退職金支給のタイミング、すなわち退職のタイミングを入念に計画しておく必要があります。

また、役員退職金は不相当な金額については損金の額に算入できません。そこで、算定基準を明らかにするために、「役員退職慰労金規程」を整備しておいた方がよいでしょう。

さらに、役員退職金の支給には多額の資金が必要となります。保険の利用等によって資金手当てをしておくことも、計画的かつ円滑なバトンタッチのために欠かせない対策といえます。

(4)生命保険の利用

生命保険の活用目的

事業承継対策・相続対策において生命保険が活用される主な目的としては、①税負担の軽減、②流動性のある資金の確保、③円滑な遺産分割があげられます。

税負担を軽減するためのアプローチとしては、相続財産の評価額を引き下げる方法が一般的ですが、それ以外に、生前から財産そのものを移転していくための手段ともなります。

また、相続財産の大半が自社株式や事業用不動産などの事業用資産である場合、財産全体に占める換金性の高い金融資産の割合が少ないため、納税資金が不足するおそれがあります。被相続人を被保険者とした生命保険に加入することにより、加入時から万一に備えた財源を確保することが可能となります。

さらに、流動性の高い資金を確保することは、納税資金のみならず、後継者以外の相続人に対する遺産分割を円滑に進めるという効果も期待できます。

税負担の軽減

○みなし相続財産としての生命保険金

被相続人が亡くなった際に遺した現金、有価証券、不動産などの財産は「本来の財産」として相続税の課税対象です。これに加えて、被相続人が亡くなったことがきっかけで受け取ることの出来た財産があった場合、「みなし相続財産」といい、これらも相続税の課税対象となります。みなし相続財産の代表例としては、生命保険金と死亡退職金等があります。

被相続人が亡くなった時に保険会社から支払われる「生命保険金」は、一般に相続財産とみなされますが、被保険者が被相続人ではない場合は、課税される税金の種類が変わってきます。(詳細は下表参照)

●契約形態ごとの課税関係

契約形態	契約者(保険料負担者)	被保険者	保険金受取人 ⇨	税金
A	被相続人	被相続人	被相続人以外(子・配偶者など)	相続税(満期時は贈与税)
B	被相続人	被相続人以外	被相続人	所得税(注)
C	被相続人	被相続人以外(甲)	被相続人以外(乙)	贈与税

(注)保険金受取人となる予定の人が被保険者よりも先に亡くなった場合については次頁参照。

○生命保険契約に関する権利

被相続人が自分以外の人を被保険者とする保険契約に加入し、保険料を負担している場合、被相続人が亡くなった以降も、その生命保険からは、解約すれば解約返戻金が、満期があれば満期保険金が支払われます。そこで、この保険により保険金（解約保険金や満期保険金）を受け取る「権利」も相続財産として相続税の課税対象となります（掛け捨て保険を除きます）。

この保険の被保険者は被相続人以外であり、すなわち「保険支払事由」はまだ発生していないため保険金はまだ受け取ることは出来ませんが、相続税の負担は生じる点に注意が必要です。

（注）上記表の「契約形態B」について、保険金受取者（被相続人の予定）が被保険者（被相続人以外）よりも先に亡くなってしまったケースがこれに当たります。また、被相続人以外の人が契約者となった場合でも、みなし相続財産として相続税の課税対象となります。

生命保険契約に関する権利は、原則として、被相続人が亡くなった時点の「解約返戻金」で評価します。ただし、後述する生命保険金の非課税枠(500万円×法定相続人の数)については、死亡保険金はまだ支払われていないため、適用対象外となります。

なお、「生命保険契約に関する権利」が相続されると、契約名義は、被相続人から相続人へと変更されます。契約者が死亡して新しい契約者に変更した場合、保険会社から税務署に対し支払調書（「保険契約者等の異動に関する調書」といいます。）が提出されます（解約返戻金相当額が100万円超の場合）。支払調書には旧契約者の死亡時の解約返戻金の額も記載されており、課税側では相続税の申告漏れを防ぐための仕組みとして利用されています。

○非課税枠の活用

被相続人が自らを被保険者として保険料も負担している生命保険契約は、相続によって受け取る保険金のうち被相続人が負担していた保険料に対応する金額について相続財産とみなされます（「みなし相続財産」）。

契約形態（P.141の「A」の場合）	
契約者	被相続人
保険料負担者	被相続人
被保険者	被相続人
保険金受取者	相続人

この相続人が受け取った生命保険金は、

500万円×法定相続人の数

までは非課税財産として取り扱われます。たとえば、相続人が配偶者と子３人であった場合、非課税枠は2,000万円（=500万円×４人）となります。

したがって、高齢になってから保険料を負担して生命保険に加入するケースにおいても、相続財産（現金）の一部を非課税財産に転換できることになります。

なお、非課税枠の計算上の法定相続人の数には相続を放棄した人も含まれます。ただし、相続放棄をした人（相続人ではない人）が保険金を受け取る場合は、その人は相続人とみなされないため非課税金額の適用を受けることはできません。

○生命保険料相当額の資金贈与

一般に生命保険は、被相続人となる本人（親）が加入、保険料を負担し、配偶者や子など相続人となる人を保険金受取人として指定するパターンが多いものと考えられますが、相続財産が相当程度に多い場合には、非課税枠の活用だけでは限界があります。

そこで、相続人となる人が契約者となって保険料を負担する方法が考えられます。ただし、配偶者や子に保険料の負担能力があるとは限りませんので、親から生命保険料相当額の資金を贈与します。

契約形態	
契約者	相続人
保険料負担者	相続人
被保険者	被相続人
保険金受取者	相続人

これにより、次のようなメリットが考えられます。

①贈与税の基礎控除（年間110万円）を活用した財産の移転

②受取保険金は相続財産とはならない。

③受取保険金を納税資金の準備とすることができる。

④贈与先を選択することで、遺産分割に備えることができる。

なお、受け取った保険金は「一時所得」として所得税の課税対象となります。一時所得は［(保険金額－支払保険料－50万円）×1/2］として計算されるため、他の所得に比べて課税所得が少なく計算されるというメリットもあります。

なお、贈与税の税率は累進制となっており、暦年の贈与額が増えると税率も上昇します。したがって、現金贈与額を決定する際には、相続税の実効税率と比較しておく必要があります。

［資金贈与を行う際の注意点］

・110万円の基礎控除を超える贈与を行い、贈与税の申告書を提出することにより、毎年贈与の事実があったことが確認できるようにしておく

・贈与契約書を作成し、配偶者や子など受贈者自身が実際に契約・捺印を行う

・保険料の支払いは、配偶者や子の口座から行う（資金を配偶者や子にいったん贈与する）

納税資金の確保

○換金可能資産の確保

被相続人が会社オーナーであった場合、会社側から納税資金を賄う（＝貸付ける）ことも考えられますが、会社の財務内容は毎年変動するため、いつでも資金を確保できるとは限りません。そのため、相続財産の中に換金性の高い資産が多くないといったケースでは、生命保険によって納税資金を準備しておくことが考えられます。

生命保険によらなくとも、これに代わる方法として、毎年預金を積み立てていく方法も考えられます。しかしながら、積立途中で相続が発生した場合には十分な資金手当てができていない可能性があります。これに対し、生命保険を活用すれば、加入した時点から対応する納税資金を準備することができ、この点で即効性の高い対策であるともいえます。

また、十分な金融資産を有しているケースでも生命保険の活用効果は得られます。先述のとおり、生命保険金には法定相続人１名あたり500万円の非課税枠が与えられていますので、生命保険に加入することで課税対象財産を圧縮することができます。

○生命保険契約に関する権利

被保険者を被相続人ではなく相続人とする次のような保険契約は、契約者（被相続人）の死亡は保険事故とならないため、「現金」ではなく「保険金を受け取る権利」として相続財産となり、相続人が継承します（P.142参照）。

契約形態	
契約者	被相続人
保険料負担者	被相続人
被保険者	相続人
保険金受取者	被相続人

このような契約形態でも、実際に相続が発生した場合には、解約や契約者貸付を行うことで、相続人の資金とすることができます。

なお、解約返戻金によって保険金を受け取る場合、受け取った相続人側では一時所得となります。また、生命保険契約に関する権利の評価方法はすでに述べたとおりです。

遺産分割対策

○遺留分対策

生命保険金は現金であることから、分割可能性に優れているという特徴もあります。法定相続人には、原則として相続を受けるための最低限の権利が与えられています（これを「遺留分」と言います。詳細は第２章４.（２）（P71）参照）。そのため、後継者以外に対して一定の財産を残しておくことの検討も必要であり、生命保険によって得られた資金は、納税資金のみならず、遺産分割を円滑に進めるためにも活用できます。

ただし、被相続人の死亡後に受取人に支払われる生命保険金は、予め受取人が指定されていることから、受取人固有の財産となります。そのため、受け取った保険金は、相続人間で行われる遺産分割協議の対象とはなりませんが、原則として遺留分の計算対象外にもなります。

したがって、特定の後継者の相続分だけが大きくそれ以外の相続人の遺留分に侵害の恐れがある場合、保険金受取人を後継者以外にしてしまうと、遺留分侵害額請求への備えとならない可能性があります。保険の加入にあたっては、遺留分まで考慮して受取人を慎重に決定する必要があります。

なお、「生命保険契約に関する権利」は、みなし相続財産ではなく「本来の相続財産」であるため、他の相続財産と同様に遺産分割協議の対象となります。

◯相続人以外の者への遺産分割

法定相続人は配偶者、子・孫、直系尊属、兄弟姉妹などですが、その範囲は民法で定められているため、家族であっても法定相続人になれないこともあります。例えば孫など、相続権のない者に対して財産の一部を残したい場合、通常は遺言書による遺贈を活用することになりますが、生命保険を契約する方法も考えられます。すなわち、保険金の受取人を法定相続人以外の者とすることで、遺産分割協議を経ずともその人の固有の財産とすることができるようになります。

ただし、一人当たり500万円の生命保険金の非課税枠は、法定相続人にのみ適用されます。法定相続人でない（養子縁組もしていない）孫が受け取った部分については、相続税の非課税枠は適用されません。

また、一親等血族（代襲相続人となった孫（直系卑属）を含みます。）及び配偶者以外の人が相続等で財産を取得した場合、相続税が２割加算されることとなっています。死亡保険金は相続財産ではないものの、みなし遺贈財産となるため、相続人ではない人が取得した財産に対しては２割加算ルールが適用されることにも注意が必要です。

◯法人側における課税所得の圧縮

法人が契約者となり、オーナーである役員を被保険者、受取人を法人とする生命保険契約に加入すると、支払われた保険料の一部又は全額が損金に算入されます（受取人が遺族の場合、給与課税されることがあります。）。これにより、法人側では課税所得を圧縮して法人税の節税につなげることができます。

また、課税所得の圧縮は「利益」要素の引き下げを通して株価の引き下げの効果も期待することが可能です（P103参照）。

ただし、2019年に法人税基本通達の改正が行われ、保険料に多額の前払保険料が含まれる定期保険等に係る支払保険料の全額を損金算入することは認められず、一部資産計上することが原則とされることとなりました。今後は、生命保険の活用が節税を目的としたものである場合には慎重に行う必要があります。

社長の退職金はいつ支払うべきか？

1）生前退職金

社長がお元気な時点で支払われる退職金の納税義務者は、もちろん社長ご自身であり所得税と住民税が課されます。

退職所得に対する課税は、次の算式の様に優遇（①退職所得控除、②1/2課税、③他の所得と合算されない分離課税）されます。

(退職金収入−勤続年数に応ずる退職所得控除)×1/2(注)

(注)勤続年数5年以内の法人役員等には適用されない

ただし、退職金の支給直後に亡くなられてしまうと、所得税と住民税を支払った残額に直ぐ相続税が課されてしまいますので、健康状態に不安がある時は、病状や資金の要否などを検討する必要があります。

2）死亡退職金

生涯現役でご活躍され、お亡くなりになった後３年以内（注）に支払われる退職金は相続財産とみなされ、遺族に相続税が課されます。この死亡退職金には非課税金額（500万円×法定相続人の人数）がありますし、本人の所得税と住民税が課されませんから退職金に係る税負担だけを考えると、生前退職金より軽くなります。

(注)株主総会の決議が遅れた等の理由で、3年を超えて支払われた場合には、納税義務者が退職金を受けとった遺族である事に変わりは有りませんが、相続税では無く一時所得として所得税と住民税が課されます。

3）生前退職金を株価対策に利用

役員退職金の支払で自社株の評価を引き下げた直後期に、相続時精算課税制度や贈与税の納税猶予制度を活用すると、その引き下げられた安い株価で相続時まで固定させる事ができます。これによる自社株承継に係る相続税の節税効果が上記1)と2)の退職金の税金の差を大きく上回った例は数多くあります。

4）役員退職金のその他の留意点

- 法人の損金算入について税務署とのトラブルを避けるために役員退職給与規程の整備は必須です。
- 退職金規程の死亡時受取人は配偶者としている例が多いのですが、配偶者の固有財産が多く、二次相続税が多額になる場合には受取人変更を検討もします。
- 役員社宅や生命保険の権利など、金銭以外の現物支給も可能です。
- 退職金の算定方法は、「最終報酬月額×役員在籍年数×功績倍率」が一般的です。

8. 信託の活用

(1)信託の基礎

信託とは、文字通り財産を信頼できる人や法人に預ける目的に従って管理してもらうしくみです。

信託の起源は、イギリスの十字軍の遠征時に、従軍する人が万が一に備え自己の財産を教会等の第三者に名義を移転した上で管理してもらうことが行われ、現在の信託制度に発展してきたと言われています。

英国や米国では、庶民に普及し一般的に利用されています。しかし日本では信託銀行等が受託者となる商事信託は古くからありましたが、受託を業としない家族や同族法人などが受託者となる民事信託は、平成18年の信託法の改正により、各税法の規定が整備されて以降、普及しつつある状況です。

登場人物は

信託契約には、次の三者が登場します。

「委託者」･･･財産を預ける人です。

「受託者」･･･財産を預かる人で、個人でも法人でも誰でもなれます。信託財産の名義人になります。

「受益者」･･･実質的な所有者であり、税務上は受益者＝所有者とみなされます。

信託の設定は

次の３つの方法により行うことができます。口頭での信託契約も可能ですが、書面を作成するのが一般的です。

ⅰ信託契約･･･委託者と受託者が合意して締結します。その際受益者は契約の当事者になりませんが受益権の放棄は認められています。効力は契約締結時に発生します。

ⅱ遺言･･･遺言書の中で「自分が亡くなった場合には～信託する」と記載します。効力は、相続開始時に発生します。

ⅲ信託宣言･･･委託者＝受託者の場合は、受益者に内容証明郵便を送るか、公証人の認証を受けることで効力が発生します。

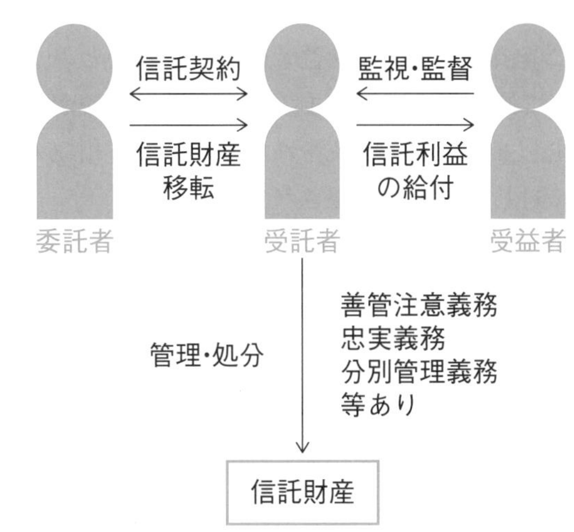

信託の課税関係

信託が実行されると、信託財産の所有名義人（法的形式）は委託者から受託者に移ります。その時から信託財産の管理・処分等は、受託者のみが行うことができます。しかし、受託者は預かっているだけとみなされ課税されることはありません。信託財産に係る収入・費用は受益者に属するものとして申告する（経済的価値に対して課税される）ことになります。

したがって信託の態様により、課税関係は次のように異なります。

ⅰ自益信託･･･委託者と受益者が同一人の信託です。

この場合には、信託契約の前後で実質的な所有者に変更がありませんから、下記流通税以外の課税関係は生じません。

ⅱ他益信託･･･委託者と受益者が異なる信託です。

この場合には、信託財産の実質的な所有者が委託者から受益者へ変更になるため、適正な対価の授受があるときは譲渡があったものとみなされ、無償で信託の設定がなされた場合には贈与があったものとみなされます。

無償で受益者の変更があった場合も、同様に経済価値が他の受益者へ贈与されたとみなして贈与税が課されます。受益者に相続が発生して受益権が相続された場合には、相続人に対して相続税が課されます。

ⅲ流通税･･･信託契約に係る印紙税（１通200円）と、不動産の所有権の信託の登記に係る登録免許税（固定資産税評価額×本則0.4%）があります。尚、形式的な所有権の移転であるため不動産取得税は課税されません。

自己信託

委託者と受託者が同一人の信託のことです。P147の信託宣言で効力が発生します。

事業承継での活用例では、会社の業績が伸びている状態で、株式の評価額が低いうちに後継者に株式を贈与したいが、議決権はまだ現経営者に残しておきたい場合に利用できます。委託者及び受託者（株式の所有名義人）を現経営者として、受益者（真のその株式の所有者）を後継者とする信託設定を行えば、低い評価額のうちに後継者に株式を贈与できますが、現経営者は株式の所有名義人として議決権を行使できます。

配当優先無議決権株式等を贈与する方法も検討できますが、種類株式の導入にあたっては株主総会の特別決議や登記が必要になりますので、信託の方が容易に実施できます。

受益者がいない信託への課税

受益者が死亡した場合に、信託終了の定めも無く、次の受益者に関する定めも無い、または受益者が存在しない（受益者として定められた者がまだ生まれていない場合等）という状況が発生すると、受益者課税が行えないことから、税務上「法人課税信託」(注)として取り扱われ、思わぬ課税が生じる可能性があります。従って信託の設定に当たっては将来的に「受益者がいない」状態が発生しないよう注意する必要があります。

（注）受益者不存在になるとその時に、信託財産は受託者（受託法人）に贈与したとの課税関係が発生します。委託者側は法人への無償贈与ですからみなし譲渡課税が行われ、受託者は、法人税法上受託法人として、時価により信託財産の受贈益課税がなされます。

指図権者・同意者

受託者による信託財産の管理･運用･処分･受益者への給付について、指図できる者や同意を要する者を定めることができます。

信託監督人

信託管理人、信託監督人、受益者代理人等を設け、受託者が誠実に信託財産を管理することを監視することができます。

信託の変更

信託内容の変更は、以下の合意で行えます。

委託者、受託者、受益者が合意すればどのような変更も可能ですが、変更についての別段の定めをしておけば、３者の合意を経ずにその定めに従って変更できます。

	合意必要＝○、不要＝×			通知
	委託者	受託者	受益者	
原則	○	○	○	なし
信託の目的に反しない場合	×	○	○	委託者に通知
受益者の利益に適合	×	○	×	委託者及び受益者に通知
受託者の利益を害さない	×	×	○	受益者から受託者に対する意思表示をし、受託者は委託者に変更の内容を通知
受託者の利益を害さない場合	○	×	○	受託者に対する意思表示
信託行為に別段の定め有り	信託行為の定めによる			

後継ぎ遺贈型受益者連続信託とは

受益者の死亡により、他の者が新たに受益権を取得する旨の定めのある信託のことです。

遺言では無効ですが、信託契約なら次の次を決めておくことも可能です。その効果は、信託がされた時から30年を経過した後に現に存する受益者が死亡するまで、または当該受益者が消滅するまで有効になります。信託契約設定時にまだ存在していない（＝生まれていない）孫やひ孫を受益者に指定することも可能です。

受益者連続信託受益権の評価額は、相続発生時の信託財産の相続税評価額によりますし、受益者が被相続人の一親等の血族・配偶者以外の場合は相続税の２割加算もありますから、相続税の節税にはなりません。

受益権を複層化した信託とは

信託の転換機能を活用し、信託目的に応じて異なる権利を持つ受益権を設けた信託のことです。例えば不動産なら所有権と賃料を受け取る権利、自社株なら株そのものの所有権と、配当を受ける権利と言うように、複層化信託については一つの財産を、収益受益権と元本受益権に分割することが可能となります。

複層化された信託受益権の評価は、「信託受益権＝元本受益権＋収益受益権」で評価されます。「収益受益権」の評価は、課税時期の現況において推算した受益者が将来受けるべき利益の価格ごとに課税時期から受益の時期まで期間に応ずる基準年利率による複利現価率を乗じて計算した金額の合計額で評価されます。

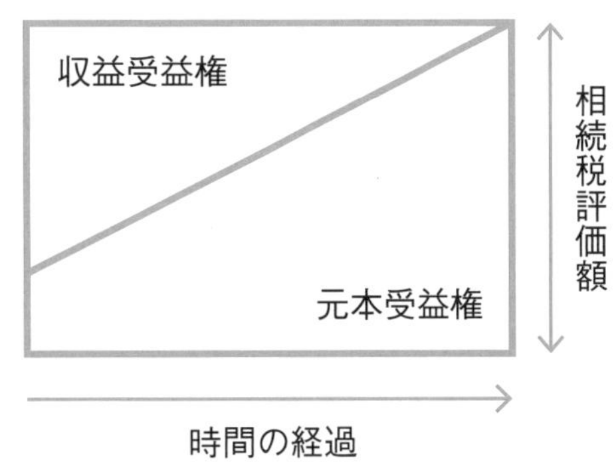

信託制度のメリットとデメリット

メリット	・判断能力喪失後も、あらかじめ設定した目的に従った財産管理や法律行為が可能です。
	・財産の共有を回避し、所有権（財産権）とは切り離して、財産を管理処分できます。
	・生前に遺産分割の方法を確定できます。 遺言はいつでも書き替えや撤回ができます。また、相続開始後の、相続人の遺産分割によっても変更が可能です。しかし 本人の死亡により信託が発動するように定めた上で、この信託内容の変更・解除に一定の制限を加えておけば、将来の相続に向けて遺産分割内容を確定させておくことができます。
	・遺言では実現できない、二次相続の指定ができます。
	・確実な贈与ができます。 家族間の財産の移転について、相続発生後の税務調査で、贈与契約の成立が認められず「名義預金等」の問題が発生することが散見されますが、信託を活用すればこの問題は解決します。
	・財産の給付方法について、その回数や時期、金額等について自由に設定できます。
デメリット	・信頼できる受託者の適任者を決めるのが困難な場合があります。
	・成年後見制度の本人の法定代理人としての身上監護は、信託ではできません。
	・遺言で可能な未成年後見人の指定や、子の認知などの身分行為を信託ではできません。
	・所得税の確定申告にあたり、信託不動産の損失と信託外の不動産の損益通算ができません。また、信託契約を複数に分ける場合、信託契約間の損益通算もできません。
	・受益者連続型信託のケースで、二次相続以降の受益権の移転が遺留分の対象になるかどうかの判例がなく、取り扱いが確定していません。

信託の課題

信託を活用すれば、被相続人の想いを実現するために、より一層合理的な世代間の資産移転が可能になります。また収益受益権や元本受益権を親族間で配分することにより、相続税や贈与税を節税する工夫も可能になります。

しかし、信託期間中の状況の変化等に対する課税上の取り扱い規定の整備は未だ不完全な部分もあります。また受益者連続型でかつ複層化された信託の収益受益権の評価にあたっては、信託財産の全部の価額になる（相続税法基本通達９の３－１）との留意が必要な取り扱いがあります。

信託の合理的な目的をはっきりさせることと、副次的に節税効果が生じる設定に当たっては、課税リスクについて慎重な検討が必要です。

(2)具体的な活用例

自社株の信託

①大型設備投資に伴う特別償却等により、株価が安くなっているから、自社株を長男に贈与したいが、まだまだ経営を手放せない……

委託者	現社長（父）
受託者	現社長（父）
受益者	後継者（長男）

自社株の所有権（財産権）は、受益者である長男に移りますから、配当受領権等は長男のものになり贈与税が課されます。しかし議決権（議決権行使の指図権）は受託者である現社長の手許に残ります。

前記の受益権を複層化した信託として、収益受益権（配当受領権）は現社長に留保したまま、元本受益権（株そのものの所有権）を贈与することも可能です。

委託者	現社長（父）
受託者	現社長（父）
収益受益者	現社長（父）
元本受益者	後継者（長男）

②私は会社を退職し、社業(自社株の所有権を含む)は100％長男(先妻との子)に任せたいが、自社株の配当は私と後妻の生活費に充てたい。現在妻と長男は特に不仲という訳では無いが、私の亡き後、将来に渡って妻の生活費を配当で賄い、自社株そのものは確実に長男に引き継がせることができるか不安だ。

委託者	現社長（父）
受託者	一般社団、など
収益受益者	現社長（妻に相続させる遺言書を作成）
元本受益者	現社長（長男に相続させる遺言書を作成）

この様に受益権を複層化させて相続させた場合、妻の相続財産は将来「配当を受ける権利」です。妻には相続税の配偶者軽減がありますから相続税負担は軽減されます。長男が相続する元本受益権はその自社株の相続税評価額から配当受益権の価額を差し引いた額が相続税評価額となります。妻の生存中に配当を受け取ることはできませんが自社株の評価額はその分下がりますので、相続税コストの軽減が期待できます。受益権については、贈与も可能としておくことで、市場株価の下落や当社の事情による株価下落時に、長男へ元本受益権を贈与することも考えられます。

この方法の最も大きな弱点は、現在の税制では信託財産である自社株については納税猶予制度を適用することができません。また注意点としては、後継ぎ連続型信託（受益者が連続して約束された信託契約）の受益権の評価額は、相続発生時の信託財産の相続税評価額によりますので、上記のように複層化させる場合は後継ぎ連続型信託契約にせず、「複層化信託契約＋遺言書」のセットで設計した方が良いでしょう。

③議決権は後継者である長男のところに全て集めておきたいが、配当などの利益を受ける権利は、妻や 長男の嫁 そして長女にも渡してやりたい……

委託者	現社長（父）
受託者	後継者（長男）
受益者	妻、長男とその嫁、長女

自社株は、現社長の思い通りに家族に分け与えても、議決権は受託者である後継者の下に集まっています。

④私が死んだら自社株を長男に相続させたい、しかしその後長男に不測の事態が生じた時は、嫁と幼い孫ではなく次男に会社を託したい……

委託者	現社長（父）
受託者	同族法人など
第一受益者	現社長
第二受益者	長男
第三受益者	次男

前記の後継ぎ遺贈型受益者連続信託の活用例です。

第一受益者は、現社長（委託者）本人であるため、何も課税関係は生じませんが、現社長が亡くなり長男が相続した時点で相続税が課されます。

委託者の意思で、30年先までの相続を指定できます。

受託者は、法人でなければならない訳ではありませんが、法人を検討する例が増えてきています。

不動産の信託

⑤私の所有する遊休地について有効活用の話があるが、私は高齢になったので、開発業者との契約や管理は後継者である長男に任せたい……

委託者	私（本人）
受託者	長男
受益者	私（本人）

土地の所有権は本人に残りますので贈与税の課税はなく、受託者である長男が所有者（土地の名義人）となり、土地に関する契約は長男のみの判断でできるようになります。

ここで、受益者の設定を、私（本人）の生存中は私であるが、私の死亡後は妻が遺贈により取得とすることも可能です。

委託者	私（本人）
受託者	長男
受益者	私（本人）の生存中は私 私の死亡後は妻

⑥私の財産と言えば賃貸オフィスビル（評価額30億円）１棟につきます。私の相続が発生した場合には、長男と次男、他家に嫁いだ長女が共有することになりそうです。不動産の共有については、将来不動産の処分を巡ってトラブルが生じないか心配です。

委託者	私（本人）
受託者	一般社団法人など
第一受益者	私（本人）
第二受益者	長男、次男、長女

受託者とする一般社団法人を設立し、賃貸オフィスビルを信託します。当初の受益権は父親が保有し、相続が発生したときに子供が受ける受益権の割合を、信託契約で決めておきます。子供たちの中で賃貸不動産の管理ができる子を一般社団の理事長（代表者）に就任させておけば、将来不動産の処分に係る意思決定は一般社団の理事長が単独で行うことができますので、処分を巡るトラブルは回避できます。

信託不動産の賃貸収入については、賃貸マンションに係る所得の申告も消費税の申告も受託者からの報告を基に受益者が行います。この場合の所得区分は、事業的規模の場合は不動産所得となり、事業的規模でない場合には雑所得となります。他にも信託から生じた損失の取り扱いや、借入金、保証金の取り扱いについて、一定の留意が必要になりますので、専門家に相談の上の実行が望ましいでしょう。

金銭等その他財産の信託

⑦私が亡くなったあと、私の財産は後妻に全部渡してやりたいが、その次、後妻が亡くなった後は、後妻の実家の親族ではなく、先妻との間の子供に私の財産を承継させたい……

委託者	私（本人）
受託者	親族など
第一受益者	私（本人）
第二受益者	後妻
第三受益者	先妻との間の子供

信託関係の設計は④と同じです。受託者は、親族関係の無い弁護士や税理士等でも構いません。

⑧孫に金銭等を贈与したいけれど、お金が多くあると知ると、無駄遣いしないか心配……

委託者	祖父（本人）
受託者	祖父、祖母、子供　など
受益者	孫

相続の税務調査では、子や孫に内緒で相続人名義の預金をつくって被相続人が管理していたものが見つかり否認される場合があります。しかしこのような信託契約での金銭贈与であれば、信託契約の当事者は、委託者と受託者だけなので、孫に知らせない贈与も可能です。基礎控除（110万円）を超える贈与の時に、受託者が孫に代わって贈与税申告をしておく必要はもちろんあります。

⑨子供はまだ小さいので、私が死んだら養育資金を生命保険金で手当てしたいが、妻には浪費癖があるので生命保険金が一括で支払われると浪費してしまわないか心配……

委託者	父親（本人）
受託者	信託銀行等
受益者	子供

生命保険信託にすると、保険金は信託銀行が管理し、必要資金が遺族に支払われることになるので、浪費を防げます。

一般的な財産管理信託契約書作成の記載事項

（基本的事項）	
一、	信託の目的
二、	信託の契約内容と信託財産
三、	受託者
四、	受益者及び受益権等
五、	信託期間
六、	信託財産の管理及び給付の内容等
七、	その他管理運用上の必要事項
八、	受託者の地位等
九、	清算受託者及び帰属権利者
十、	信託報酬等
十一、	契約に定めの無い事項の処理等
（定めた場合）	
十二、	受益者代理人
十三、	信託監督人
十四、	指図権者

遺言信託の記載事項

（基本的事項）	
一、	信託の目的
二、	信託財産
三、	受託者
四、	受益者及び受益権等
五、	信託期間
六、	信託給付の内容
七、	信託財産の管理
八、	受益者代理人
九、	信託の計算及び受益者等への報告事項等
十、	事務処理費用
十一、	合意による信託の終了
十二、	受託者による信託の終了
十三、	信託終了時の清算手続き
十四、	信託の変更
十五、	信託報酬
十六、	契約に定めのない事項の処理等

9. 一般社団法人

一般社団法人が増加しています。営利事業から非営利事業までその守備範囲は広く、資本金無し、登記のみで設立できます。

一般社団とは

一定の目的をもって結集した人の集まりに対して法人格を与え、一定の目的によって運営される営利を目的としない法人です。「営利を目的としない」とは、構成員に対する剰余金の配当を目的としないの意味です。

(注)良く似た名の一般財団法人という形態もありますが、こちらは一定の目的を持って集められた財産に対して法人格を与えるもので、一般社団とは全く異質の法人です。

機関設計は

目的	制限なし
事業	制限なし
残余財産分配	可能
情報公開	社員、債権者
監督	無し(ただし、移行法人は公益目的支出計画の確実な実施を確保するための行政庁の監督有り)
社員総会	法定定款の決議機関、理事会を置かない場合はすべての事項についての決議機関、社員2名以上
理事	理事会設置の場合は3名以上、理事会非設置の場合は1名以上
理事会	任意設置
監事	任意設置(ただし大規模の場合は1名以上)
会計監査人	大規模の場合は必置(大規模とは負債200億円以上)

課税関係は

公益社団法人(3階)、非営利徹底型·共益型社団法人(2階)、非営利型以外の社団法人(1階)に区別されそれぞれ課税範囲は次の通りです。

	区分	課税範囲
3階	公益社団法人	一定の収益事業から生じた所得のみ(公益目的事業から生じた所得は対象外)
2階	非営利徹底型 共益型	収益事業(法人税法施行令5条で限定列挙)から生じた所得
1階	非営利型以外	全ての所得(普通法人と同じ)

税制が3階建てになっているのは、プチ慈善活動、学術団体、共益型を認めるためです。一般社団法人には持分が無く、非同族の会社となるので、配当還元価額による非上場株の取得や、グループ法人税制外しの効果があります。また出資者が存在しないので社団内の蓄積利益について相続税が課されません。一般社団の難点は、定款で規定しても社員や設立者に対して、剰余金の配当や残余財産の分配をできません。つまり株式会社の様にオーナーが出資に対する利益を受けることはできず、収入を得ようとすれば理事に就任して報酬を受けるしかありません。

しかし、一般社団を清算する場合には、社員総会の決議によって社員へ残余財産を分配することは可能です。したがってオーナー家から一般社団へ移転した財産を、一般社団を閉じるときに限り、もう一度オーナー家へ戻すことも可能です。

非営利型法人の要件

法人税等の優遇を受ける２階･３階の法人になるためには、次の要件を満たす必要があります。

非営利徹底型の要件
１.定款に剰余金の分配を行わない旨の定めがあること
２.残余財産を国、地方公共団体、一定の公益団体に贈与する旨を定款に定めていること
３.各理事について３親等内の親族の占める割合が1/3以下であること
４.特定の個人又は団体に特別の利益を与えたことがないこと
共益型の要件
１.会員に共通する利益を図る活動を行うことを目的としていること
２.定款に会費として負担すべき金銭の定めがあること
３.主たる事業として収益事業を行っていないこと
４.定款に特定の個人又は団体に剰余金の分配を行う旨の定めがないこと
５.残余財産を特定の個人または団体に帰属させる旨の定めが無いこと
６.各理事について３親等内の親族の占める割合が1/3以下であること
７.特定の個人または団体に特別の利益を与えたことが無いこと

事前に非営利型法人となるための届出等の必要はなく、あくまで要件に該当していれば自動的に非営利型法人となります。逆に上記の要件の１つでも該当しなくなったときには特定の手続きを踏むことなく非営利型以外の法人となります。

また非営利型徹底法人が、剰余金の分配を行うことを決定し、または行った場合や、特定の個人･団体に特別の利益を与えることを決定し、または与えたことにより非営利型以外の法人となった場合には、その後は非営利型法人となることはできません。

事業で成功をおさめられた経営者の中には、その事業分野あるいはご自身が造詣の深い分野に関連した公益目的活動や社会貢献に関心をお持ちの方が多くその場合にはクリアーできますが、事業承継目的の活用では、上記の要件を満たすことは難しく、全所得型（１階）の社団法人を用いる事が多くなっています。

活用例は

○信託財産を受託する受け皿法人として活用
○従業員持株会退会者が相次いで、株式の次の担い手が集められない場合の自社株の受皿として活用
○株価が下がった時に、後継者を決めずに持株を譲渡しておきたい
○不動産管理会社として利用
○自宅を一般社団の名義にして倒産隔離
○プチ奨学財団を作りたい
○名有る画家の売却できない大量の絵や、サービサーから取得した社長個人が経営する会社への貸付金など、換金性が無いのに評価額のみ高い資産の受皿

一般社団法人に対する相続税課税

持分が無いとの特性を悪用し、財産を一般社団に保有させた相続税逃れを防ぐため、特定一般社団法人(注)の理事が死亡した場合、特定一般社団法人の純資産額をその死亡時における同族理事（被相続人を含む）の数で除

した金額を相続財産として特定一般社団法人に対し相続税を課するとの課税の見直しが平成30年度税制改正で行われました。

この課税を避けるには、親族以外の理事を加える等して、特定一般社団（注1）に該当しないようにする必要がありますから、安易に相続税逃れに利用できなくなりました。しかし一般社団は、信託の受託者とするなど適正な活用を検討するのであれば、むやみにこの改正を恐れる必要はありません。

（注1）特定一般社団とは、次のいずれかの要件を満たす一般社団等を言います

①相続開始直前に同族役員（注2）が総役員の1/2超を占めていること

②相続開始前5年以内において、同族役員が総役員の1/2超を占めている期間の合計が3年以上であること（平成30年4月1日前に設立された法人については、同日前の期間はこの1/2超の期間に含めないものとする。）

（注2）同族役員とは、一般社団法人等の理事のうち、被相続人またはその配偶者、3親等内の親族その他の当該被相続人と特殊の関係がある者（被相続人が会社の役員となっている会社の従業員等）です。

一般社団の課税関係

<table>
<tr><th rowspan="3">税法上の分類</th><th colspan="6">一般社団（注2）</th><th colspan="4">寄付者･贈与者側</th><th rowspan="3">解散時の帰属</th></tr>
<tr><th rowspan="2">財産出資受け入れ時の課税</th><th rowspan="2">課税方式</th><th rowspan="2">配当等源泉所得税</th><th rowspan="2">所得税額控除</th><th rowspan="2">みなし寄付金の損金算入限度額</th><th rowspan="2">税率</th><th colspan="2">寄付控除</th><th colspan="2">措置法</th></tr>
<tr><th>法人</th><th>個人</th><th>40条（譲渡所得等の非課税）</th><th>70条（相続税の非課税）</th></tr>
<tr><td>公益法人</td><td>なし</td><td>収益事業34業種課税 ＊但し公益目的事業は34業種であっても非課税</td><td>非課税</td><td>ー</td><td>所得の50%または公益目的事業の実施に必要な金額のいずれか多い金額</td><td rowspan="3">23.2%（800万円までは15%）</td><td>特定公益増進法人（（所得の金額×6.25%+資本金等の額×0.375%）×1/2）</td><td>所得金額の40%</td><td>適用あり</td><td>適用あり</td><td rowspan="2">国･地方公共団体等</td></tr>
<tr><td>非営利型法人</td><td>なし ＊場合によっては贈与税課税</td><td>収益事業34業種課税</td><td rowspan="2">課税</td><td>なし</td><td rowspan="2">なし</td><td rowspan="2">一般寄付金（（所得の金額×2.5%+資本金等の額×0.25%）×1/4）</td><td rowspan="2">なし</td><td>非営利徹底型のみ有り</td><td rowspan="2">適用なし</td></tr>
<tr><td>普通法人</td><td>法人税（受贈益） ＊場合によっては贈与税課税</td><td>全所得課税</td><td>あり</td><td>適用なし</td><td>個人への帰属可能 個人に課税有り（注1）</td></tr>
</table>

（注1）一般社団から財産を受けた個人は、一時所得（1/2課税）として課税を受けることになります。
（注2）一般社団は、特定一般社団法人に該当しないものとしています。

索　引

あ行

か行

さ行

た行

■執筆者

蒔田 知子（税理士）
勤 務 先 税理士法人 中央総研
主要著書 「これが定番受験相続税法の学び方」（東京教育情報センター）
「相続税の税務調査Ｑ＆Ａ」
「給与・賞与・退職金の会社税務Ｑ＆Ａ」（以上共著：中央経済社）
「税金の仕組みが『３時間』でわかる事典」
「成功する社長は決算と節税に強い」（以上共著：明日香出版社）
「税金入門」（共著：経済法令研究会）

小島 浩司（公認会計士・税理士）
勤 務 先 監査法人 東海会計社
主要著書 「給与・賞与・退職金の会社税務Ｑ＆Ａ」（共著：中央経済社）
「企業会計と連結納税」
「法人税申告書の見方・読み方」
「コンサルティング機能強化のための決算書の見方・読み方」
（以上共著：経済法令研究会）
「事例で分かる税務調査の対応Ｑ＆Ａ」（共著：税務経理協会）
「税金・社会保険・コンプライアンスのキホン」（税務研究会）
「図解でわかる仕訳から決算書・申告書までの流れ」
（共著：三菱 UFJ リサーチ＆コンサルティング）

よくわかる事業承継　四訂版　定価1,540円（本体1,400円＋税10%）

平成21年９月　第１刷発行
平成25年３月　第２刷発行
平成26年10月　改訂版　第１刷発行
平成29年９月　改訂版　第２刷発行
令和元年７月　三訂版　第１刷発行
令和５年２月　四訂版　第１刷発行

発行者
三菱 UFJ リサーチ＆コンサルティング株式会社
東京都港区虎ノ門５丁目 11 番２号 オランダヒルズ森タワー
〒 108-8501 電話（03）6733 − 1056
URL：www.murc.jp

印刷　株式会社カントー